藕花深处的李清照

少年诗词游

罗罗 —— 著

长江出版传媒 崇文书局

图书在版编目（CIP）数据

少年诗词游．藕花深处的李清照 / 罗罗著．-- 武汉 ：
崇文书局，2024．10. -- ISBN 978-7-5403-7841-7

Ⅰ．K820.2-49

中国国家版本馆 CIP 数据核字第 2024H1T493 号

选题策划：程　欣
责任编辑：程　欣
责任校对：董　颖
责任印制：冯立慧

藕花深处的李清照
OUHUA SHENCHU DE LI QINGZHAO

出版发行： 长江出版传媒｜崇 文 书 局
地　　址：武汉市雄楚大街 268 号 C 座 11 层
电　　话：(027)87677133　　邮政编码：430070
印　　刷：武汉市卓源印务有限公司
开　　本：880mm×1230mm　　1/32
印　　张：5.5　　插页：5
字　　数：95 千
版　　次：2024 年 10 月第 1 版
印　　次：2024 年 10 月第 1 次印刷
定　　价：39.80 元

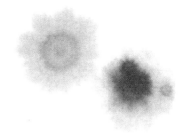

前言

在中国古代文学中，有一位婉约动人的女词人，她的词作如同"藕花深处"的无尽深邃，清雅而含蓄，流露着深情与柔美。她便是我国宋代著名女词人——李清照。

李清照，生于宋代，她才情横溢，风骨超逸，为后世留下了丰富而令人倾慕的文学遗产。她的作品以婉约、抒情和才思敏捷闻名于世。从她的词作中，我们可以感受到她对生活的深刻感悟，对情感的细腻表达，以及对时代沧桑的至真体验。她的词作常常流露出对世态炎凉的感慨，对爱情和生命的思考，以及对理想与现实的矛盾与挣扎。

李清照出身书香世家，擅长书画，通晓金石，尤其善于诗词创作，她时常笔下生花，描绘出人生美与哀的深情画面。她热爱花卉和美酒，敢爱敢恨，既具备女子的温柔贤淑，又具备男子的豪情气概。她经历了爱情的甜蜜与挫折，也经历了人世间的离合与辗转，内心还依然怀揣着对

家国天下的热爱与担当。在男性主导的文学世界中，她以诗酒人生诉说自己的风骨；在封建体制强势的时代，她以才华和刚毅书写着自己的人生境遇。

李清照不仅在文学上有着卓越的成就，她的人生也是一道令人无限向往的风景。她生活在一个动荡变革的时代，但她却以超越时代的才情和风骨，为后人留下了一段永恒的文学之美。她的诗词不仅是对个人情感的抒发，更是对人生和时代的思考和反思。她以她那婉约的笔触，勾勒出了一幅幅动人心弦的人生画卷，成为中国古典文学史上不可或缺的一笔。

李清照的一生，既有欢愉美好，令人心驰神往，也有悲凉伤感，令人感慨神伤。近千年岁月的洗礼并没有减弱她的魅力，反而使她的作品随着时间的流逝愈加珍贵。她的词，就像陈年佳酿，历久弥香。在千载词坛中，她是一枝独秀的女儿花。她在诗笺上留下了聪颖与坚韧、柔情与思念、坚强与悲戚的印记。她行走于中国灿烂文化的长河中，带来的是华彩与温情，是春日暖阳和鲜花烂漫，是四季之美和天地序章。

在李清照的词作中，我们找到了对生活、对情感、对理想的感悟与共鸣，也找到了一种超越时空的文学情怀。

她以她那独特的文学语言，为后人留下了一片文学的绿洲，成为中国文学史上不朽的光芒。

"藕花深处的李清照"留给世间一个令人向往的背影。在这片藕花之中，李清照以她独特的文学天赋和才情，将自己的思绪化为美好的词句，娓娓道来，表达出对生活、对爱情、对人生、对家国的真性情，表达出对人生的感悟与追求，留给历史一道永不褪色的风景。

目 录

第一章　书香童年

（1084—1099）

陌上花开，万物苏醒。在山水秀丽的明水镇，一个名叫李清照的女孩悄然降生，如同那初绽的花朵，在时光的画卷上悄然绘就她的绚烂。她的名字，如同清澈的泉水，流淌着诗意与智慧，预示着她非凡的一生。

得天独厚的成长

宋神宗元丰七年（1084）春日，陌上花开，时光清濯。一个女孩诞生于山水秀丽的齐州章丘县明水镇（今山东省济南市章丘区明水街道）。明水镇河湖如星子般散落，百脉泉水清澈透明，急流时生动活泼，缓流处波光粼粼，倒映着天空的云彩，清可照天。于是，女孩的父亲以此美景为启示，为她取名"清照"。

这位不俗的父亲就是李格非。

李格非历经人生坎坷，深知世事无常，因此期望女儿能如百脉泉一般清澈明亮，同时拥有广阔的胸怀。在世事变幻时，内心要与自然相融。而"清可照天"的意境，正是与天地相融的最佳注解。

还有另一种说法，李清照的名字取自唐代诗人王维的《山居秋暝》"明月松间照，清泉石上流"一句。无论如何，"清照"这个名字都寄托了父亲对女儿最美好的祝愿和期待。

　　然而初为人父的李格非并没有预见到，自己为女儿取的这个名字将会对后世产生怎样非同寻常的影响。多年之后，"李清照"这个名字与司马光、王安石、苏轼等名字一样被载入史册，赢得了无数赞誉，并获得如"千古第一才女""一代词宗""词国皇后""藕神"等美称。然而他也无法想象，在他的想象力所及之外的宇宙中，水星上的众多环形山之一也会被命名为"李清照"——这是由世界天文学家做出的决定。

　　李清照出生时，大宋正处于文化繁荣、经济兴盛的时期，这种风雅的气息无处不在，深深地影响着整个社会。此间，文人墨客如星辰般璀璨，他们以文学艺术为乐，以诗词歌赋为媒，表达着对人生、自然和社会的感悟。在城市的街巷、茶楼酒肆，时常可见文人雅士们聚集在一起，吟诗作赋，探讨人生，互相切磋琢磨，这种雅集之风流传甚广，成为当时文化生活的一大特色。

　　在儒家思想的主导下，社会风气以礼乐之道为本，人们追求着高尚的品德和文雅的风度。同时，佛道两教的影响也在社会中广泛存在，形成了一种儒释道三教合流的文化氛围。这种多元的文化融合，为时下的文人们提供了广阔的思想空间和创作灵感，也为后来的文学艺术发展奠定了坚实的基础。同时，这一时期的社会生活丰富多彩。城市的繁华和乡村的宁静交相辉映，市井百态、山水风情，都成为文人创作的题材和灵感来源。人们在日常生活中感受着大自然的美好，思考着人生的意义，这种生活的体验和感悟，无疑为文人的作品赋予了深厚的情感底蕴和生活气息。再加上社会安定，经济繁荣，人民生活富裕，为文人提供了相对宽松的创作环境和生活条件，他们可以更加专心致志地投入到文学艺术的创作中，去追求心中的诗意和理想。

如此雅致而富足的社会环境为李清照提供了最适宜的成长条件。更加幸运的是，李清照出生在一个充满浓厚文化和自由教育氛围的家庭。她的父亲李格非，字文叔，是北宋后期文学家，在经学、史学、文学、佛学等方面均有建树。继苏门四学士黄庭坚、秦观、晁^{cháo}补之、张耒^{lěi}之后，他与廖正一、李禧、董荣一起被誉为"苏门后四学士"，展现了他在文学上的卓越成就。

李清照出生时，李格非正在郓^{yùn}州（今山东东平）担任教授[1]，这个职位虽然听起来很显赫，但实际上却颇为清苦。然而，对于李格非这样一个不追求名利的人来说，他并未感到委屈，只是尽职尽责，做一个全心为民的好官。

据说连当时的郡守都对李格非的微薄俸禄感到同情，建议他兼任其他官职以增加收入来维持家庭生活，但是李格非拒绝了。

李格非宽厚温良，喜爱陶渊明和苏轼的作品，崇尚以诚为文、自然真实的风格。这样品学兼优的青年，在结婚年龄时自然备受青睐，是许多女性心目中的理想伴侣。

李格非无疑是幸运的，因为他引起了北宋历史上一位著名人物王珪^{guī}的注意，把女儿嫁给了他。王珪是宋仁宗庆历年间的进士，历仕仁宗、英宗、神宗、哲宗四朝，曾担任翰林院学士、尚书左仆射兼门下侍郎等职，担任宰辅高官长达十六年，被欧阳修称为"真学士"，《四库全书》[2]的编纂官们也盛赞他的文章博学丰富、文采瑰丽，自成一家。生于这样的家庭，王珪的女儿自然在书香氛围中长大。她与李格非的联姻可谓美满。

由于李格非和夫人都受过良好的教育，眼界开阔，两人的品性也温和善良，因此在这个家庭中，重男轻女的传统观念显得不那么突出。夫妻俩都珍爱着这个女儿，看着她像一株刚刚冒出的嫩芽，茁壮成长，内心充满了喜悦和感恩。家里并没有因为李清照是女子就忽视对她的教育。在长辈的诗书声中，在父母的关怀和教习下，小清照的聪

慧和敏悟逐渐展露出来。

　　小清照机智聪颖，讨人喜爱，早早展现出与众不同的特质。在她满周岁的那一天，按照传统，很多地方都有举行"抓周"仪式的习俗。这是一种独特的庆祝方式，大人们相信，根据孩子在抓周过程中的表现，可以预测其未来的兴趣爱好或者人生发展方向。李格非家也不例外。当小清照周岁那天时，席子上摆满了各种物品，包括针线、衣服、食物、玩具、脂粉、毛笔和书籍等。李格非等长辈们站在一旁，紧紧注视着小清照在席子上来回爬动。只见小清照睁着好奇的大眼睛，左右观望。色彩鲜艳的衣服引起了她的注意，但她只是稍作观察，便将目光移开。脂粉的香气勾起了她的兴趣，她凑近一闻，但也只是停留片刻，随即转移了注意力。小清照在这些物品中间来回爬动，只是用目光探索，却不肯用手去拿取其中的任何一件，这让在场的大人们既紧张又兴奋。最终，小清照停在了书籍和毛笔前，她伸出小手，准确地拿起了书和笔。围观的人群中爆发出一片喝彩声，大家纷纷赞赏这位小女孩不喜欢打扮、不追求享受，也不热衷做手工活，必定会成为一位倾情诗书、热爱文学的才女。

　　小清照的识字速度惊人。除了学习文字之外，她的母亲王氏经常给她讲述古书中的故事，小清照总是津津有味地聆听，并经常追根究底地提出各种问题。这些都彰显了良好家庭教育对她的深远影响。

李清照幼时极为聪慧，几乎能够背诵她阅读过的每一篇文章。李格非对女儿的才华感到欣喜，特意提供大量书籍供她阅读，家里的书房成了她最喜欢待的地方。小清照已经很明确自己的人生志向在于读书写字。自然，小清照的志向得到了家人的支持。从此，她开始和堂兄们一起进入学堂。

儿时的李清照健康、活泼，像明水镇奔流的清泉一样灵动。她常和堂兄弟姐妹以及周围的玩伴一起疯跑嬉戏，但安静下来时，就像抓周时预示的那样，李清照表现出对诗书文墨的浓厚爱好。她以书为伴，作为藏书丰富的书香之家的孩子，小清照浸润在浓浓的书香氛围中，她时常流连在书堆里，感到莫名满足和欣喜。

在李清照的家乡，流传着这样一个故事：有一天，老师在课堂上讲白居易的长诗《琵琶行》，当别的同学都在认真听时，小清照却在下面给老师画画像。老师很生气，就让她站起来背全诗，没想到小清照一口气就把整首背得一字不差。老师又提出了几个关于诗意理解的问题，她也都对答如流，此番情景令老师和同学都大为惊讶。渐渐地，周围很多人都知道了李家有个小才女。在广泛的阅读中，小清照找到了无法用言语表达的乐趣。

李格非对此很欣慰，每次回乡，都给女儿带很多书籍，并检查她的课业，跟她讨论书本里的内容。小清照没有辜负父亲的期望，小小年纪，不但会背数百首唐诗，还开始读《诗经》以及司马相如的《子虚赋》《上林赋》、宋玉的《对楚王问》等文章。小清照还有一个兴趣爱好——喜欢抄诗，她把自己读过的诗都整整齐齐地抄录在一个本子上。有时候为了读书抄诗，她会把自己关在房间里很久，连伙伴们来找她玩，她也不为所动。

就这样，小清照在故乡的明山秀水间，在启蒙教育下，在文化熏陶下，在诗书的陪伴下成长着。除了学习上的谆谆指导，李格非在女儿的成长发展中也从不设置壁垒和死板的教条，这使得小清照的成长能够像春日的阳光般自由灿烂。

家庭文化氛围浓厚，家风开明，这样的家庭环境，滋养了李清照独特的品质和个性。

有竹堂的小才女

元丰八年（1085），宋神宗驾崩，九岁的哲宗继位，朝政由高太后把持。高太后之前一直反对神宗推行王安石的新法，如今终于可以按照自己的意愿行事了，高太后立即着手废除新法，因反对新法而被贬的司马光、苏轼等元祐旧党[3]人士被重新起用。这为李格非的人生赢得了一次转机。

高太后非常欣赏苏轼，神宗驾崩后的八个月里，苏轼回到东京汴梁（今河南开封），从七品小官一直升到三品大员，任翰林学士，负责为皇帝草拟诏书。

李清照三岁时，李格非也进入东京，官拜太学录。太学是从汉代开始在京师设立的全国最高学府，太学录是太学里的学官。

于是，这对从小就向往繁华京城的李清照而言也将迎来人生的一个新时期。

李清照六岁那年，李格非官位升迁，任太学正，就在东京经衢之西置办了一处房屋，名为"有竹堂"。也是在这一年，李清照被父亲接到东京，住在有竹堂。在故乡明水的自然风物中陶冶长大的李清照，进入繁华的东京城，只觉得热闹、好奇，还有一点点陌生和不安。有竹堂不大，庭院中植着竿竿翠竹，映着粉白的墙，别有一种清静雅致的韵味。李格非的老师苏轼先生也喜欢竹子，他曾经说过"宁可食无肉，不可居无竹"。因为竹"出土有节、凌云虚心"，大凡品性高洁的文人雅士，没有不钟情于竹的。"有竹堂"亦得名于此吧。

在有竹堂中，李清照最钟爱的是她父亲的书房。这个房间里堆满了书籍，书香和墨香交织在空气中，令人陶醉。坐在窗下，微风轻拂着竹叶，仿佛在书案上投下一抹竹影，营造出一种幽静而意境深远的氛围。竹子婆娑的翠绿透过窗户，映衬着房间内专心阅读的人，将他们与书籍融为一体，仿佛置身于一片碧绿清雅的世界之中。或许，这些只是李清照日后回忆起初次踏入有竹堂时的感受，但当时的她，只觉得心中充满了欢乐，仿佛自己的心灵长上了自由的翅膀，随时可以飞翔起来。

当时，许多与李格非交情甚笃的文人好友常常光顾有竹堂，如晁补之、董荣、黄庭坚、张耒、米芾、秦观、陈师道等。他们经常围坐在一起，畅谈诗文，偶尔也涉及一些时事政治议题。晁补之更是专门撰写了一篇《有竹堂记》，详细描述了有竹堂落成时的情景，以及李格非在其中读书、创作的情景。除了父母的影响外，晁补之被视为李清照的又一位重要的启蒙良师。他对这位聪颖的小女孩非常喜爱，经常对她的学业给予指点和评价。李清照之所以在文学表现上取得飞速进步，其中晁补之功不可没。而且晁补之对李清照而言亦师亦友，对李清照的成长产生着不小的影响。

每逢父亲与文友们雅集，只要李清照在有竹堂内，她必然坐在父亲身旁，默默聆听他们的谈论，常常有"听君一席话，胜读十年书"之感。时光推移，李清照涉猎的读物日益丰富。在封建社会，家庭对于女孩子的教育，往往以三从四德、相夫教子为主要目标，所选书单通常包括《女诫》《女训》《列女传》《孝经》等，偶尔会加上《论语》《孟子》《诗经》《礼记》等经典，只是为了让她们稍通大义，达到"知书识礼"的程度即可。但李清照所处的家庭与众不同，开明的父亲并未对她的读书类型有过限制，这使得她能广泛涉猎经史子集，视野日渐开阔。除了诗词歌赋、诸子百家、文史典籍外，李清照对历史上的士大夫的言谈和逸事也颇感兴趣。尤其是《世说新语》，李清照特别喜爱。她欣赏《世说新语》清新简淡的文风，向往魏晋名士真率自然、自由至性的精神风貌，这也成为塑造李清照日后个性与气质的重要元素之一。

李清照时常在有竹堂聆听父亲和一众饱学之士的谈话，才学自然长进极快，思想也日益丰富深邃。她在不知不觉间依照当时这些一流文人的标准来要求自己。在有竹堂，李清照融入浩瀚的文史海洋，同时习字，绘画，斗棋，写诗，作词。她的生活充实而丰富。

读书广博、见识开阔、记忆力和理解力出众，李清照超凡的敏锐和智慧，为李清照日后的诗词创作打下了坚实的基础。

据记载，李清照六七岁时，一次偶然间阅读到苏轼为纪念妻子王弗所写的《江城子·乙卯正月二十日夜记梦》。她将这首词抄写在一张白纸上。后来，她向父亲及其朋友展示她抄写的诗词，他们都感到有些疑惑。因为李清照通常用美丽精致的彩纸抄录她喜爱的诗词，而唯独将苏轼的这首词抄在白纸上。李清照解释道，她阅读这首词时，深知它是为逝去之爱人而作的悼念之作，字里行间充满着深深的悲伤，因此不宜用色彩鲜艳的彩纸抄录，白纸黑字才与词中的情感相得益彰。众人听后，无不惊叹，没想到小小年纪的李清照已经能领悟词中所蕴含的深沉之情和作者想表达的思想主旨。这对一个孩子而言，是非常难能可贵的。

十几岁的李清照开始了诗词创作，李格非对此非常支持，并告诉女儿："文不可以苟作，诚不著焉，则不能工。"意思是写文章不能勉强，如果不明白为什么要这样写，就很难写好。他非常欣赏诸葛亮的《出师表》、李密的《陈情表》。他告诉女儿，陶渊明的《归去来兮辞》说得那样"沛然如肺腑中流出，殊不见有斧凿痕。数君子在后汉之末、两晋之间，未尝以文章名世，而其词意超迈如此。盖文章以气为主，气以诚为主。故老杜谓之诗史者，其大过人在诚实耳"。李格非的教诲深深影响着李清照，她一生作诗作文从不矫揉造作。

李格非偶尔会把女儿作得比较出色的诗文拿出来给到访的朋友们欣赏点评。一个小小年纪的女孩子，能写出一般文人都难以企及的诗文，大家都惊叹不已。大家在论诗谈文时，也时常把小清照叫来探讨切磋。这些当世的一流文人具备非凡的眼光，李清照受到他们充满期待的鼓励，对文学也有了更浓厚的兴趣和自信。

书籍对于李清照来说具有巨大的魔力，她在爱与温暖的环境中，在诗书墨香的熏陶下逐渐成长为一个健康、活泼、清纯、明丽的少女。她像家乡清澈明亮的泉水一样，顺应着内心的呼唤，开始迎接未来的挑战。她的生命充满了活力，如奔流的河水般灵动，又如静水深流般沉稳。她的思想与情感在这样的环境中得以沉潜。

　　时光还来不及在她身上留下痕迹，欢笑和自由的滋养，就让少年的李清照一往无前地肆意地盛放。

初长成的李家女

　　沐浴着齐鲁文化的光华，浸润着浓厚的学术气氛，李清照如同一颗长在沃土之中的种子，汲取着养分向阳而生。灿烂岁月，花开于前，阡陌之上，草长莺飞，庭院之中月光如水，慢慢长大的李清照出落成亭亭玉立的窈窕少女。

　　渐渐长大的李清照有了自己的任性和骄傲，逐渐构建起自己的认知和思想。她经年累月地在字里行间漫步，读书学习，善于思考，不对前人的说法见解盲目跟风，时常有自己独特的理解。她时常对弟弟李远（háng）说：要有自己的想法，人云亦云那不是做自己。

　　李清照八岁时，李格非晋升为太学博士，苏轼任尚书右丞，秦观、晁补之等仍在京城，他们依旧时常在有竹堂雅集。李清照以为这样美好的时光将永远延续下去，然而两年后，高太后去世，哲宗亲政，新党成员[4]章惇上台为宰相，苏轼遭贬，其他旧党成员如黄庭坚、晁补之、秦观

等也相继离京。章惇与苏轼早年情谊深厚，但因政见不合，分属于新旧两党，友情逐渐疏远。

章惇成为宰相后曾试图拉拢李格非，但李格非是一个立场坚定、疾恶如仇的人，怎么可能背叛苏轼依附于章惇？李格非的拒绝激怒了章惇，于是将他贬为广信军通判。在任期间，李格非所在地有一道士以算命为名行诈骗之事，李格非得知后，急于为民除害。一日，他在路上偶遇该道士，便命手下将其责打一顿，并驱逐出城。由此事可见李格非骨子里刚正不阿的个性。李格非运气不错，一年后被召回京城，在担任著作郎时，撰写了著名的《洛阳名园记》，虽然表面上是记述洛阳的著名园林，实则蕴含政治讽刺之意。

"父母是孩子的第一位老师"，李清照的品格受到了父亲李格非言传身教的影响。李格非的榜样作用，加之李清照广泛阅读，使她逐渐形成了崇尚大义的价值观。

光阴如流水，眨眼间，李清照迎来了十五岁的笄礼^{jī}[5]之年。十五岁的笄礼之年对于李清照而言，也是人生新篇章的开启。

注释

［1］教授：古代教育体系中负责传授知识、培育人才的官员。

［2］《四库全书》：是清朝乾隆年间，由纪昀等学者主持编纂的一部大型丛书，收录了清乾隆以前各类重要典籍，分为经、史、子、集四部，共收书三千四百六十余种、七万九千三百余卷（文渊阁本），是中国古代文化的集大成之作。

［3］元祐旧党：元祐，宋哲宗年号（1086—1094）。在北宋元祐年间，以司马光为首的反对王安石变法改革的一派政治势力。

［4］新党成员：北宋时期支持王安石变法改革的政治集团，与元祐旧党相对立。

［5］笄礼：冠笄礼即现今的成人礼，是少男少女步入成年的重要仪式。冠笄礼分为男子的冠礼和女子的笄礼。男子年满二十岁举行冠礼，象征着成年，得到家族和社会的认可，方可成婚生子。而女子则在年满十五岁后举行笄礼，完成笄礼后才可出嫁。在笄礼中，"笄"代指簪子，代表着将少女的发髻盘起并插上簪子，俗称"上头"。冠笄礼后，少男少女正式成年，开始承担家庭和社会的责任，开启独立的人生旅程。

第二章 才华乍现

（1099—1101）

　　沐浴着齐鲁文化的光华，漫润着浓厚的学术气氛，那位少女如同一颗长在沃土之中的种子，汲取着养分向阳而生，茁壮成长。她的才华在豆蔻年华便崭露头角，惊艳了世间。原来，词之韵致，可以如此清丽脱俗，十六七岁女儿家的笔墨，亦能如此精妙绝伦，令人叹为观止。

藕花深处少女词韵

　　李清照在七八岁时便来到了繁华的东京，但她词中却充满自然之情。她的文字，洋溢着对蓝天绿地的深情回味和对山川花鸟的细腻感怀，仿佛在诉说着她在乡野间的悠长岁月，那里，自然的语汇是她心灵的第一位老师。在经历了那些自然的滋养与季节的轮换之后，她在笄礼的飘带飘动中，跨入了少女成熟的门槛。那时，她的父亲李格非引导着她，一同踏进了东京这座繁华的都城。在京城，她的眼睛和心灵被新奇的都市生活所吸引，她的诗词开始织入了都城的喧嚣与繁华。

　　宋朝，这个充满生活美学情韵的朝代，总是让人心生向往。柳永[1]的写景名篇《望海潮》，如一幅生动的画卷，详尽地展现了那个时代的繁荣与昌盛："东南形胜，三吴都会，钱塘自古繁华。烟柳画桥，风帘翠幕，参差十万人家。云树绕堤沙，怒涛卷霜雪，天堑无涯。市列珠玑，户盈罗绮，竞豪奢。"政治制度的开明与文化的宽松，也为艺术的繁荣创造了有利条件。

即便政治风云变幻莫测，东京汴梁仍旧保持着其繁华富丽的景象。街道宽阔平坦，两旁商铺鳞次栉比，各色货物琳琅满目，从精致的丝绸到璀璨的珠宝，从香甜的糕点到醇厚的美酒，应有尽有。商贩们热情洋溢地招揽着顾客，吆喝声、讨价还价声此起彼伏。街头巷尾，人流如织，熙熙攘攘的人群中，既有身着华服的士人，也有穿着朴素的百姓。他们或行色匆匆，或悠闲漫步，或驻足观赏，或品茗论道，各自享受着这座城市带来的繁华与便利。对于李清照而言，这与她幼年时所钟情的自然风光截然不同，都城的繁华绚丽与独特的市井风情给她带来了前所未有的新奇体验。

她也曾涉足这片土地，但那时的她尚年幼，对这座城市的感知尚且浅薄。如今，随着岁月的流转，她对这座城市的认知逐渐深入，感受也愈发丰富和深刻。在这里，她深刻体会到了文化的厚重与生活的多彩，这些元素在她的诗词中得到了生动的体现。李清照笔下的诗词，不仅是她个人情感的抒发，还是对那个时代的生动描绘。她以细腻的笔触描绘了都市的繁华盛景，同时也表达了自己对于这座城市生活的独特感悟。她的作品宛如一条缤纷的丝带，

巧妙地将自然乡野的宁静与都市的繁华编织在一起，呈现出一个文化与自然交织共舞的情景画卷，展露着独特的时代特色。

在有竹堂的清幽中，李清照与父亲、继母和弟弟李远共居。父亲每日忙于官场之事，继母则忙于操持家务，弟弟李远与堂兄李迥皆已投身学业，他们的世界似乎与李清照有所不同。而她，却在这独处的时光里，找到了属于自己的天地——那间充满书香的闺房。她的指尖舞动着，或是轻柔描绘，或是挥洒自如地书写，这是她心灵的释放。当心头感到些许烦闷，她便会到大自然的怀抱中释放，让思绪在城市的喧嚣中找到安宁。

父亲丰富的藏书是她的甘露，那些泛黄的书卷，仿佛承载了千年的智慧与奥秘，等待着她去探索与发现。在这浩瀚的知识海洋中，她的视野变得更加宽广，思维日益深邃。在各式各样的书籍中，李清照对诗词的兴趣格外浓厚。她品味着王维的《山居秋暝》，感受那"明月松间照，清泉石上流"的宁静与和谐；感染于李白《将进酒》中的豪放与不羁，对那句"人生得意须尽欢，莫使金樽空对月"产生触动；沉醉于晏殊的《浣溪沙·一曲新词酒一杯》，品味那"无可奈何花落去，似曾相识燕归来"的淡

如梦令·常记溪亭日暮

常记溪亭日暮，沉醉不知归路。

兴尽晚回舟，误入藕花深处。

争渡，争渡，惊起一滩鸥鹭。

淡哀愁。然而，李清照并不满足于此。她深知，要想在诗词上有所成就，必须付出更多的努力与汗水。于是，她逼着自己押一般人不敢尝试的"险韵[2]"，以此来锻炼自己的才华与技巧。她反复推敲每一个字词，力求使每一首词都达到完美的境地。她的天赋异禀加上深厚的家学底蕴，使她在诗词创作上如鱼得水，日渐精进。

在一个宁静的午后，李清照手中捧着别人的词篇，目光流转间，心中突然涌起一股莫名的情绪。那阔别已久的故乡，那碧波荡漾的水色湖光，以及那些悠闲自在的往日时光和被岁月尘封的记忆，此刻在她的心海中翻涌起来。她的思绪仿佛回到了那个遥远的过去时光。

那时，她正年少，与几位知己一同出游。她们在溪亭边嬉戏玩耍，欣赏着日暮时分的美丽景色。湖面如镜，波光粼粼，映照着天空的霞光，仿佛将整个世界都染成了金色。荷花在微风中轻轻摇曳，散发出淡淡的清香，那香气与湖水的清新交织在一起，让人心旷神怡，一切都显得那么宁静而美好。她们登上小舟，悠然地泛舟湖上，谈笑声与湖水轻拍船身的声音交织成一首动人的乐章。或许是因为喝了些酒，或许是因为被美景所醉，当她们准备划船回家时，竟然迷失了方向，误入了荷花深处。船儿在荷花丛

中穿梭，如同在绿色的迷宫中探险。荷叶轻拂着船身，带来一阵清凉。突然，一阵急促的水声响起，惊起了一滩鸥鹭。它们从荷叶间腾空而起，白色的身影在夕阳的余晖中划出一道道优美的弧线，打破了湖面的宁静。

于是，李清照心中的情感如泉涌般流淌出来，化作了一首小词《如梦令》：

常记溪亭日暮，沉醉不知归路。兴尽晚回舟，误入藕花深处。争渡，争渡，惊起一滩鸥鹭。

经常回忆起以前到小溪边的亭子里游玩，直到日暮时分，却因沉醉于美景而忘记回去的路。一直玩到兴尽才记起乘舟返回，却迷途进入荷花池的深处。怎么才能出去呀，怎么才能出去呀，桨声惊飞了一群栖息在水中的鸥鹭。

在那个文化灿烂的东京城，这首《如梦令》的诞生，仿佛是一股清泉，在文人墨客的心间流淌，激起层层涟漪。有人说，这首词的广泛流传得益于李格非身边一位极富才情的友人。在一个偶然的契机下，他邂逅了这首《如梦令》。词中那清新脱俗的意境、灵动自然的笔触，仿佛一缕春风轻轻拂过心田，又如被一片云霞轻轻笼罩。他赞

不绝口，将这首词在朋友间传诵开来。又有人说，是李清
照的堂兄李迥^{jiǒng}，在太学的殿堂上，将这首词呈现给了众
人。那婉转的音韵、深情的词句，如同潺潺流水般沁入人
心。太学中的学子们争相传阅，这首词便在太学的校园里
迅速传开。

东京城的文人们纷纷传唱这首词，李清照的作品和她
的才华成为京城文化圈的焦点。她的词不仅展现了超凡脱
俗的风格，更透露出她内心深处的情感和对美好时光的追
忆。《如梦令》中对溪亭日暮、荷花深处的惊喜与兴奋，
都让人仿佛身临其境，与她一同沉浸在那份唯美的回忆之
中。李清照这首词的问世，犹如东京城上空骤然飘洒的一
场细雨，携带着淡雅清香，轻轻拂过每一位读者的心田。
那独特的笔触，如同涓涓细流，洗涤了世人对词的固有认
知。原来，词之韵致，可以如此清丽脱俗，十六七岁女儿
家的笔墨，亦能如此精妙绝伦，令人叹为观止。

才情初露名动四方

和诗是一种特别的诗歌创作形式。它需要两位诗人进行诗歌互动，一方创作，另一方回应，内容相配但非同时完成。在古代诗坛，诗人们以诗为媒，酬答唱和，相互传阅，成为一种风尚。

张耒，字文潜，"苏门四学士"之一，于宋神宗熙宁六年（1073）高中进士。他与李格非在京师共事，两人交情笃厚，时常相聚一起谈诗论义，共议国家大事。某日，张耒独坐于书房之中，心中涌动着无尽的思绪。他的目光落在案头那本泛黄的古籍上，那是记载着大唐中兴传奇的《大唐中兴颂》碑文。

时光回溯到唐肃宗上元二年（761），那时的大唐正经历着前所未有的危机。安禄山叛乱，战火连天，百姓流离失所，国家岌岌可危。作为一名具有强烈现实关怀和深厚文学造诣的文学家，元结[3]怀着对国家的深沉忧虑，挥毫写下了这篇《大唐中兴颂》。元结的挚友、著名书法家颜

真卿对这篇颂文深感认同，因此决定将其镌刻于浯溪石崖
之上。碑文中，安禄山的叛乱、肃宗的英勇平乱以及大唐
的中兴，如同历史的缩影，展现了大唐帝国的兴衰荣辱。

　　张耒读着这篇碑文，心中涌起一股难以言表的情感。
他想起当下北宋政局的混乱，想起百姓的疾苦，想起国家
的未来。他深吸一口气，提笔蘸墨，将心中的感慨化作了
一首激昂慷慨的《读中兴颂碑》诗，并呈予李格非品评。
张耒此诗，借古讽今，以唐朝中兴之史，寄托了对北宋政
治清明、社会安定的深切期盼。

　　　　　玉环妖血无人扫，渔阳马厌长安草。

　　　　　潼关战骨高于山，万里君王蜀中老。

　　　　　金戈铁马从西来，郭公凛凛英雄才。

　　　　　举旗为风偃为雨，洒扫九庙无尘埃。

　　　　　元功高名谁与纪，风雅不继骚人死。

　　　　　水部胸中星斗文，太师笔下蛟龙字。

　　　　　天遣二子传将来，高山十丈磨苍崖。

　　　　　谁持此碑入我室，使我一见昏眸开。

　　　　　百年废兴增叹慨，当时数子今安在？

　　　　君不见，荒凉浯水弃不收，时有游人打碑卖。

　　　　　　　　　　　　　——［宋］张耒《读中兴颂碑》

杨贵妃的血迹无人清扫，安禄山叛军的马早已吃饱了长安的青草。潼关一战的尸骨堆积如山，万里逃亡的君王在蜀中老去。金戈铁马从西边而来，郭子仪凛凛然展露英雄气概。他举旗如同风起，偃旗如同雨落，九庙因此而无尘埃。这样大的功勋和名声谁来记载？诗文的传统无法继续，诗人们也相继离世。元结胸中有如星斗般璀璨的文章，颜真卿笔下如蛟龙般矫健的书法。上天派遣这二人传承历史，他们在高耸十丈的苍崖上刻下了这碑文。是谁将这块碑文带入我的室中？让我一见之下，昏沉的双眼为之一亮。百年的兴衰变迁令人感慨万千，当时的那些人物如今又在哪里？那么好的碑文，如今没用了，只剩下被那些附庸风雅的商人拓下来拿去卖钱。

这首诗很快在文人墨客之间传开，引起了一阵轰动。黄庭坚等众多名士纷纷挥毫和诗，一时间，京师之中诗风大盛。然而，在这众多和诗之中，有两首格外引人注目，竟是出自李清照之手。

李清照在其《浯溪中兴颂诗和张文潜二首》中，以深邃的笔触和独到的见解，对唐朝安史之乱及其后续影响进行了鞭辟入里的剖析。她不仅剖析了安史之乱的根源，还一针见血地指出了唐朝在乱后未能复兴的内因——内乱频发与朝廷自身的腐朽。李清照借古讽今，以唐朝的兴衰为镜，映射出北宋朝廷的混乱与危机。她鲜明地表达了一个观点：统治者应当从历史事件中吸取教训，深刻反思自身的不足，而非仅仅满足于表面的歌功颂德。这不仅仅是对往昔历史的深沉回望，更是对当时朝政的影射与恳切劝谏。每一字、每一句，都如同明镜般映照出朝政的得失，期望能触动那些沉睡的灵魂，唤醒他们对国家未来的深切关注与责任感。

在古代，人们普遍认为，女性的目光往往局限于琐碎的生活细节，对于历史和政治这些宏大的议题，她们似乎总是漠不关心。或者说，由于性别和身份的束缚，让她们难以拥有开阔的视野和深刻的思考，去审视和评价一个朝代的兴衰与功过。那时候的北宋朝廷如同一片在风雨中飘摇的枯枝，君主掌控无力，臣子间信任瓦解，党争暗潮汹涌，国家前景堪忧。李清照透过父亲的话语及其友人的眼神，感知到了这份时代的沉重。年轻的李清照从小博览群书，喜欢思考，拥有极强的感受力和领悟力，她不仅拥有女性细腻的情感，而且心中还装着家国天下。她的眼界，如同广阔的天空，包容着家国天下的忧虑与思考。尽管身处狭小的斗室，被女儿身所限制，但她的灵魂却如同自由

飞翔的燕子，穿越了时空的障碍，将她的所思所感凝聚于笔尖。她的诗词，是她心中理想的寄托，是她对政治清明和社会安定渴望的表达。她希望通过自己的文字，能够为父亲抹去忧愁，为天下苍生带来一丝温暖和希望。李清照用她的才华和智慧，证明了女性同样能够拥有超越性别的眼界和思想深度，能够对这个世界发出自己独特的声音。

在苏轼众多的门生与追随者之中，张耒以其非凡的才华和深厚的学识，荣登"苏门四学士"之列。他出身于书香门第，少年时期便以《函关赋》名动一时，二十岁便金榜题名，更得王安石之赏识与推崇。在宋熙宁八年（1075），苏轼于密州修建超然台，张耒应邀挥毫，撰写《超然台赋》，苏轼对其赞誉有加，称其文风"超逸绝尘"，文章"汪洋淡泊"，有如"一唱三叹"之音。张耒的诗作，关注世态炎凉，艺术上广纳百家之长，历代评价甚高。

然而，在这位才华横溢的前辈面前，李清照并未退缩，亦未盲从。她勇敢地发出自己的声音，挑战既定的边界，展现出超然的勇气。张耒在《读中兴颂碑》这首诗中，更多地体现了一种历史感和对前贤的敬仰，虽然蕴含了对当代政治和社会现象的隐喻性批评，但这种批评往往是含蓄的、委婉的，不直接触及现实的敏感神经。他的诗作倾向于通过历史的叙述来引发读者的思考，而不是直接表达自己的观点。这种表达方式在当时的文化环境中是较为普遍的，它体现了文人对于社会现实的关注，同时又保持了一定的安全距离，避免了直接的冲突。相比之下，李清照的《浯溪中兴颂诗和张文潜二首》则展现了更为鲜明的个性和深刻的思考。她的诗不仅仅是对历史的回顾，更是对现实的深刻反思和直接的评论。李清照在诗中提出了自己独到的见解，她的批评往往更加尖锐和明确，她不满足于借古讽今，而是敢于直面现实，表达自己对于时代变迁和社会问题的真实感受。她的诗作相比张耒具有更高的艺术境界和更深的思想内涵。

李清照，这位才华横溢的宋代女词人，以她的小词《如梦令》展现了自己柔美婉约的一面，如同春日里的清风，轻柔地拂过心田，让人沉醉于那份温婉与细腻。这两首和诗却如同冬日里的梅花，傲骨中透露着坚韧，展现了她与众不同的刚强，她那巾帼不让须眉的气概，如同划破长空的流星，照亮了那个男性主导的文坛。

在写出《如梦令》之后，李清照就已声名鹊起，而这两首和诗更是在文坛上掀起了波澜，赢得了前辈名流的推崇和赞誉。然而，她并未因此沾沾自喜，停止前进的脚步。她知道，文学的道路是一条永无止境的探索之旅，每一次的成就都只是新的起点。她不断地自我超越，不断地挖掘内心深处的情感和智慧，将它们化作一行行词句，记录下她对这个世界的感悟和思考。

注释

[1] 柳永：北宋著名词人，婉约派代表人物。世称"柳七""柳屯田"。为人放荡不羁，终身潦倒。其词多描绘城市风光和歌妓生活，尤长于抒写羁旅行役之情。《雨霖铃》《八声甘州》《望海潮》等颇有名。

[2] 险韵：指诗词中生僻而不常见的韵字所押的韵，这些韵字因为使用较少，难以找到合适的字词来搭配，从而增加了诗词创作的难度。旧时诗人中有故意为之以炫技的，唐韩愈即喜用险韵。

[3] 元结：唐文学家，字次山。天宝进士。为诗多写磊落情怀与游历感受。所作《舂陵行》《贼退示官吏》反映政治现实和人民疾苦，受到杜甫推崇。散文亦多涉及时政，风格古朴。

诗词延伸

浯溪中兴颂诗和张文潜二首

其一

五十年功如电扫，华清花柳咸阳草。

五坊供奉斗鸡儿，酒肉堆中不知老。

胡兵忽自天上来，逆胡亦是奸雄才。

勤政楼前走胡马，珠翠踏尽香尘埃。

何为出战辄披靡，传置荔枝多马死。

尧功舜德本如天，安用区区纪文字。

著碑铭德真陋哉，乃令神鬼磨山崖。

子仪光弼不自猜，天心悔祸人心开。

夏商有鉴当深戒，简策汗青今具在。

君不见，当时张说最多机，虽生已被姚崇卖。

诗意

五十年的功业风驱电扫，只留下华清宫的衰柳和咸阳道上的野草。当年五坊供养了多少斗鸡儿，沉湎酒色不知道人会老。忽然胡兵从天降，叛逆的胡人也是奸雄枭将。勤政楼前跑胡马，踏尽珠翠，尘土也变香。每战必败原因何在？传送荔枝马匹死光。尧功舜德比天高，何必夸功写文章！立碑颂德多么鄙陋，还叫鬼神磨山冈。子仪、光弼同心德，不降灾祸人心欢畅。典籍史册现今都在，夏商朝的教训应记牢。君不见当年的张说最诡诈，却中了姚崇临终时的招儿。

诗说

李清照这两首诗的政治批判锋芒十分尖锐，诗中不仅将腐化昏聩的唐明皇和诸多谄媚误国的佞臣一同作了鞭挞，总结了历史的教训，而且影射了北宋末年腐败的朝政——君主荒淫无能，臣僚尔虞我诈。在外患日重的年代，李清照不能不深为如此腐败的朝政感到不安。她忧心忡忡，只有用借古讽今的方式来对当权者予以劝诫。从其深沉的忧国之思中，人们不难看到李清照那赤诚的爱国之心。所以说，这两首咏史诗，也是两首爱国之歌。全诗气势豪放，笔力雄健，充分显示了作者勇于批判现实的斗争精神。

如梦令·昨夜雨疏风骤

　　昨夜雨疏风骤，浓睡不消残酒。试问卷帘人，却道海棠依旧。知否，知否，应是绿肥红瘦。

词意

　　昨夜雨虽然下得稀疏，风却刮得急猛，沉沉的酣睡却不能把残存的酒力全部消尽。问那正在卷帘的侍女：庭园里海棠花现在怎么样了？她说海棠花依然和昨天一样。你可知道，你可知道，现在应该是绿叶繁茂，红花凋零了。

词说

　　李清照虽然不是一位高产的作家，其词流传至今的只不过四五十首，却"无一首不工"，"为词家一大宗矣"。这首《如梦令·昨夜雨疏风骤》，便是"天下称之"的不朽名篇。这首小词，只有短短六句三十三言，却写得曲折委婉，极有层次。李清照因惜花而痛饮，因明知花谢却又抱一丝侥幸心理而"试问"，因不相信"卷帘人"的回答而再次反问，如此层层转折，步步深入，将惜花之情表达得淋漓尽致。她对花的怜惜，不仅仅是对自然之物的喜爱，更是对美好事物易逝的感慨，对时光流转、生命无常的思索。她的词，如同她的人生，充满了诗意和哲理，让我们在欣赏她词作的同时，也能感受到一个女性词人对生命和自然的深刻感悟。

第三章　遇见挚爱

（1101）

　　上元灯会之夜，华灯初上，两颗心在璀璨的灯火中找到了共鸣。从那一刻起，爱情的种子在他们彼此的心田悄然生根，不久后两人便喜结连理，如同并蒂莲花，在爱河中盛开。

上元灯会，"缘"来是你

　　李清照，这位出身名门的女子，以其兰心蕙质的风采，成为无数青年才俊梦寐以求的佳人。但究竟怎样的男子，才能与这位清丽脱俗、才情洋溢的女子相匹配呢？李清照心中所憧憬的如意郎君，又该有怎样的风采呢？在她的《浣溪沙·春景》中，我们可以窥见李清照内心深处的一角。

　　　　小院闲窗春色深，重帘未卷影沉沉。倚楼无语理瑶琴。
　　　　远岫出云催薄暮，细风吹雨弄轻阴。梨花欲谢恐难禁。

　　透过窗子看见小院内春天的景色即将流逝。层层厚重的门帘没有卷起，幽深的闺房中显得暗影沉沉。倚在绣楼栏杆上寂寞无语地轻轻拨弄着瑶琴。

　　远处山峰上云雾缭绕，看起来黄昏即将来临。暮色中的轻风吹动着细雨，拨弄着暗淡的轻云。院子里的梨花即将凋谢，恐怕连这斜风细雨都难以承受，让人伤心。

　　春光烂漫，小院里的春色浓郁得仿佛能滴出水来，房间内却依旧沉浸在一片静谧的阴影之中。她静静地倚靠在楼窗旁，心中涌动的愁绪无法言说，只能任由指尖在瑶琴上轻轻滑动，弹奏出一曲曲无声的诉说。远山被轻薄的云雾缠绕，天边的暮色渐渐逼近，春风吹拂着细雨，轻轻拨弄着天边的阴云。院子里的梨花即将凋谢，它们的纯洁与脆弱，似乎在预示着青春的短暂与无常。这一切美好，谁又有能力去挽留？

　　李清照的心境，如同她词中描绘的景象，既有着对青春易逝的无奈，又有着对未来的无限憧憬。她对婚姻的期待与忧虑交织在一起，如同春日里的微风与细雨，既温柔又令人感伤。她的诗词是她情感的寄托，是她心灵的慰藉。而她的诗词，也终将成为她与命中注定之人相遇的桥梁，将那个能够懂得她、珍惜她的人，带到她的生命中。

　　太学院内，作为李清照的堂兄，李迥总是迫不及待地将李清照的新作分享给众人。这些好学不倦的太学生们，也不免被她的词句所吸引，争相传阅、诵读。在这些痴迷于李清照文字的学子中，有一位名叫赵明诚的青年，在读李清照的词句时，他的心灵被深深地触动。赵明诚仿佛

能感受到那些文字背后的灵魂，穿越时空的阻隔，与他的心灵产生共鸣。那些能够洞穿心灵的词句，让他们虽未谋面，却已心意相通，仿佛已相识多年。

对于"赵明诚"这个名字，李清照也并不陌生。他的堂兄李迥，以及与李格非交情匪浅的陈师道、米芾都时常提及。陈师道是北宋时期的著名文臣、诗人，也是"苏门六君子"之一。作为赵明诚的姨父，陈师道对这个外甥的赞赏之情溢于言表。慢慢地，李清照对赵明诚有了更多的了解。他是当朝吏部侍郎赵挺之的三公子，品性温良、行为端正。自幼便对金石收藏情有独钟，从九岁起便立志于此道。在那个年代，金石学刚刚兴起，以古代青铜器和石刻碑碣为主要研究对象，偏重于著录和考证文字资料，以达到证经补史的目的。欧阳修曾倾注心血于此，留下了《集古录》[1]这样的杰作。赵明诚能够静心于书斋，与那些古旧的书画碑帖、金石文物为伴，这份执着与才华让李清照深感敬佩。他们虽未曾相见，却在彼此的心中悄然生出一份美好的情愫，如同两颗星辰，在茫茫夜空中相互辉映，静静地怀想着对方。一段尚未开花结果的情缘，在两人的心底埋下了种子。

命运眷顾，终于在万千的交织中，为他们安排了一次注定的相遇。夜幕低垂，月色如水，悄然洒落在大相国寺的屋脊上，为这座东京城最为庄严、繁华的寺院披上了一层银白的光辉。上元灯会之夜，大相国寺内灯火通明，流光溢彩。寺外的街道上，更是人头攒动，热闹非凡。微风拂过，带来阵阵欢声笑语，与远处的钟声、诵经声交织在一起，构成了一曲美妙的乐章。在这欢乐而庄重的氛围中，大相国寺上元灯会缓缓拉开了序幕。

在这个灯火辉煌的上元夜，李清照随着家人漫步于人潮涌动的街头，她的目光在五彩斑斓的花灯间流转，欣赏着这一年一度的盛景。就在这时，赵挺之一家人迎面走来，两家人相识一笑，互致问候。李格非身居朝堂，担任礼部员外郎一职，虽与赵挺之没有深交，但同为朝廷官员，彼此自然相识。李清照与赵明诚两人的目光在一瞬间交会，仿佛是久别重逢的老友。李清照的眼中闪过一丝惊讶，她认出了这位俊朗的青年，正是她久闻其名的赵明诚。而赵明诚也终于见到了这位才华横溢的女子，她的清丽与从容，正如他心中无数次描绘的模样。从那一刻起，爱情的种子在他们彼此的心田悄然生根发芽。上元灯会后，李清照依旧沉浸在书海之中，吟诗填词，尽显才情。而赵明诚则继续在太学中勤奋苦读，他鉴赏书画、把玩金

石，亦不乏雅趣。然而，两人的心中却都悄悄发生了变化，他们总是不约而同地想起那个在灯火阑珊中相遇的身影。他们期待着下一次的相见，期待着能够更进一步地了解对方。

在那个礼教森严的时代，男子的行动确实比女子自由许多。赵明诚深知，若要再见那位如诗如画的女子，必须找到一个合情合理的借口。李清照的父亲李格非，曾在太学任教，对赵明诚而言，他不仅是朝廷中的命官，更是学术上的恩师。而李清照的堂兄李迥，与赵明诚同为太学生，两人更是意气相投的好友。有了这层关系，赵明诚拜访李家，自然不会显得突兀。

初夏的清晨，如同一首轻柔的小令，带着清新的气息和生机勃勃的绿意。李清照，这位才情与美貌并重的女子，在这宁静的时刻，漫步于家中的花园。露珠在花瓣上凝聚，如同镶嵌在翠绿之中的珍珠，闪烁着晶莹的光芒。园中的花儿大多已经凋零，唯有几株瘦弱的花朵在晨风中摇曳，而那一树青梅，青涩而生动，宛如少女的豆蔻年华，充满了生机与活力。

在这样的时刻，李清照心中涌起一股悠然自得的情致，她决定去荡秋千，让身体在风中飞翔，体验那份自在与欢愉。秋千随着她的每一次蹬踏，高高荡起，她的心也随之飘扬，仿佛能够触摸到云端的自由。然而，就在她沉浸在这份快乐之中，感到些许疲惫之时，一个身影悄然进入了她的视线。那是赵明诚，那个在她心中激起涟漪的男子。他的出现如此突然，让李清照措手不及。此刻的她，衣衫已被汗水浸湿，双手因紧握秋千绳索而显得有些颤抖。羞涩与慌乱中，她只能选择逃避，匆忙间，绣鞋脱落，金钗也不慎遗落。但她不愿就这样匆忙离去，于是倚靠在门边，假装沉醉于青梅的清香，偷偷地回望。

后来，李清照将这次美好清晨懵懂的情绪，和那一刻的羞涩、慌乱、不甘，都凝结成了清新细腻的小词《点绛唇》：

蹴罢秋千，起来慵整纤纤手。露浓花瘦，薄汗轻衣透。

见客入来，袜刬金钗溜。和羞走，倚门回首，却把青梅嗅。

荡罢秋千起身，娇喘吁吁，连弄脏了的双手都懒得揩一揩。香汗从轻纱般的衣衫中渗透出来，就像露珠挂在花蕾上一般。

忽见有客进来，慌得顾不上穿鞋，只穿着袜子抽身就走，头上金钗也掉下来。行至门前，倚在门上回头偷望，假装嗅青梅。

从未有人能如此细腻地描绘出青梅季少女的内心世界，那份清新自然的情感，仿佛被李清照用墨色轻轻勾勒，跃然纸上。词中并未明言那位"客"究竟是谁，但少女见到他时的慌乱与羞涩，早已胜过千言万语。女儿家的心事，总是那般难以捉摸，如同晨雾中的花朵，若隐若现。李清照用寥寥数语，便通过少女的动作与神态，将她内心的波澜展现得淋漓尽致。那浅近清简的言语，道出了人最真实、最纯洁的情感。这种朦朦胧胧、带着些许阻隔又笃定情深的爱恋，如同细水长流，渐渐汇聚成一片深情的海洋。

两颗心的命中注定

李清照与赵明诚，这对才子佳人，才貌双全，家世背景也颇为匹配，本应是天作之合。然而，他们的婚姻之路却并非一帆风顺，其中最大的阻碍来自双方父亲在朝廷中的不同立场。李清照之父李格非，因文学成就与苏轼结缘，被归为元祐旧党一员；而赵明诚之父赵挺之，却与章惇志同道合，属于新党一派。在那个政治斗争激烈的年代，两党之间的分歧如同一道难以逾越的鸿沟，使得两位年轻人的爱情面临着重重考验。

然而，历史的长河中总有一些奇妙的巧合。那一年，宋哲宗驾崩，因膝下无子，将皇位传给了他的皇弟赵佶，即后来我们所知的宋徽宗。据传，在赵佶出生之前，他的父亲宋神宗曾对南唐后主李煜的画像产生过浓厚的兴趣，而赵佶的生母更是在梦中与李煜有所交集。如今，这宋徽宗赵佶，与那位李煜的命运竟是如此相似。他虽身为君王，却更似一位沉浸在诗文书画中的艺术家。赵佶热爱诗文书画，他的"瘦金体"独步书坛，其花鸟画和题画诗更是开创了新的艺术风格。他痴迷于瓷器收藏，对尘世的美好有着无尽的向往。然而，正如李煜一样，赵佶在治理国家方面却显得力不从心。他沉迷于尘世的美好，荒废政事，使得朝廷中党争纷起，国家日渐衰落。赵佶登基之初，的确展现出了一位用心的君主的形象，他罢免了章惇，推行了一系列有益于民的政策。这使得朝中的党争得以缓解，赵挺之和李格非之间的对立关系也随之淡化。他们虽属不同党派，但并无深仇大恨，只是政见不同而已。更何况，他们还是山东同乡，一个来自章丘，一个来自密州。在这样的背景下，赵挺之开始重新审视儿子与李清照的婚事。

赵明诚对李清照这位才女倾心已久。他的感情坚定而深沉，心中或许早已许诺，此生非李清照不娶，这份执着的情感成为他心中不灭的火焰。而赵挺之在权衡利弊之后，最终选择了成全。他明白，李清照不仅才貌双全，更是一位贤良淑德的女子。这对于赵家而言，无疑是一份难得的福分。在这样的认识下，赵挺之放下了政治立场对立的包袱，为儿子的幸福让路。于是，经过一番深思熟虑后，赵挺之派人前往李清照的家中表达提亲的意愿。李格非虽然对赵挺之的政治立场和行事风格持有保留态度，但他更清楚，女儿的终身幸福才是最为关键的事情。他明白女儿与赵明诚早已心意相通，深知在京城中，能够与女儿般配的人选，除了赵明诚，实难再寻。因此，经过一番权衡，李格非最终也同意了这门亲事。

终于，在天时地利人和的共同作用下，李清照与赵明诚跨越了重重障碍，喜结连理。这段姻缘，不仅仅是两个人的结合，还是两个灵魂的契合。在当时的社会背景下，这样的结合似乎不太可能，但对于他们来说，却是命运的安排，是两颗心的相互寻找和最终归宿。

古代的婚嫁礼仪丰富而复杂，其中的"三书"与"六礼"尤为讲究。从西周时期开始，这些礼仪就被详细地记载在《礼记》和《仪礼》之中。"三书"是婚姻中的重要文书：聘书代表两家缔结婚姻的意愿，礼书详细列出聘礼的清单，迎书则是新郎家迎娶新娘的凭证。"六礼"则是婚嫁过程中的六个关键步骤：纳采是男方家提亲的环节；问名则是询问女方的生辰八字，以占卜吉凶；纳吉是双方决定订婚的吉兆；纳征是男方送聘礼到女方家；请期则是双方商定结婚的具体日期；最后的亲迎，是新郎亲自到女方家迎娶新娘，并一起拜堂成亲。到了宋代，婚嫁仪式有

所简化，只保留了纳吉、纳征、请期、亲迎这四个核心环节。李清照对于聘礼的要求与众不同，她并不追求世俗的金银财宝，而是希望得到书画与诗帖作为聘礼。这些文化珍品恰恰是赵明诚所热衷的收藏之物。

每位待嫁女子心中的那份复杂情感，都难以用简单的话语描述。她们留恋着逝去的青春岁月，不舍那些青涩而又珍贵的回忆；同时，对于未来，她们怀揣着无尽的憧憬，却也夹杂着丝丝的畏惧与不安。李清照亦是如此，她深知，一旦跨过这道门槛，就意味着要与挚爱的家人、儿时的玩伴、熟悉的一切挥手告别，踏入一个全新而陌生的世界，去编织一段全新的人生篇章。

婚期既定，李清照心中虽有些许不安，但更多的是乐观与期待。特别是当她想到即将与自己深爱的人共结连理，那份对未来的向往就给她带来了无尽的喜悦与温馨。她借以笔下流转的墨香，描绘自己的待嫁心情，写下这首《渔家傲》：

雪里已知春信至，寒梅点缀琼枝腻。香脸半开娇旖旎，当庭际，玉人浴出新妆洗。

造化可能偏有意，故教明月玲珑地。共赏金尊沉绿蚁，莫辞醉，此花不与群花比。

雪凝大地，但已传来春天的消息。点点寒梅，缀满了覆雪悬冰的琼枝。它们香脸半露，娇美旖旎，当庭玉立，就好像新出浴的美人刚刚梳洗。

造物主恐怕也特别有意，让玲珑皎洁的月光洒满大地。举杯吧，金樽绿酒一同欣赏这月色里的梅花，请不要推托酒量不胜，别的花可不能同梅花比呀。

在李清照的词作中，花卉是她常常吟咏的主题，桂花、木樨花、菊花、牡丹……然而，她对梅花尤为偏爱，她的词中描写梅花的篇章有八首之多。李清照对梅花的钟情，何尝又不是对自己的写照呢？她如同梅花一般，不随波逐流，清高而又纯洁，勇敢地做最真实的自己。

这首词，或许是李清照在待嫁之时，与友人月下共赏梅花后所作。词中或许蕴含着这样的感慨：连梅花都如此卓尔不群，作为人，更应摒弃世俗的枷锁，不受成见的束缚，活出自己的风采。这正是李清照一生的信仰，她笔下的梅花，也是她自己的化身。

诗意生活的浪漫点滴

不久后，李清照与赵明诚喜结连理，共赴婚姻殿堂。婚后的生活是一幅全新的画卷，她不再是那个自由自在、吟诗作对的少女，而是要适应一个全新的角色——妻子。她踏入了一个陌生的环境，那里有着不同于她成长的家的规矩与习惯。她需要学会如何侍奉公婆，如何在新的家庭中找到自己的位置。然而，新婚的甜蜜如同春日里盛开的花朵，无论外界环境如何变换，都掩盖不住它们绚烂的色彩。

李清照与赵明诚的新婚生活洋溢着高雅而又充满艺术的气息。他们的世界被诗词歌赋、金石碑刻和文物字画所装点。

他们的日常，便是与诗酒相伴，与书画为友。李清照与赵明诚携手并肩，在书房中挥毫泼墨，写下心中的情感与思绪。他们的诗词中，既有对彼此的深情告白，也有对生活的细腻描绘。两人于诗画的海洋中徜徉，在山水画的世界里，他们仿佛能够感受到那山川的呼吸，云雾的轻抚。

或许是因为两人本就对文化艺术抱有浓厚兴趣，或许是爱屋及乌，这份对彼此的爱意逐渐延伸到了金石学的领域。每逢月初和月中，赵明诚从太学归来，总是迫不及待地与李清照一同前往大相国寺的文物市场。

大相国寺的文物市场是京城内文人雅士流连忘返之地。那里，古玩字画、金石碑刻、珍奇古物琳琅满目。赵明诚和李清照漫步于石板路上，他们的目光在一件件文物上流连。然而，他们的经济状况并不宽裕。赵明诚身为太学生，尚未有稳定的收入，家中给予的资助也有限。每当他们遇到心仪的藏品时，总是需要再三斟酌，权衡利弊。尽管如此，他们依然愿意为了那些心爱的文物，节省吃穿用度，典当衣物。每当夜幕降临时，他们便在灯下把玩、品鉴那些来之不易的藏品。

有一次，他们在大相国寺的文物市场中，偶然发现了一幅南唐著名画家徐熙的精品画作《牡丹图》。那幅画作以其精致的笔触和生动的色彩，深深吸引了他们的目光。然而，高昂的价格让他们望而却步。在与卖主的一番诚恳交流后，卖主同意让他们将画留在家中欣赏两个晚上。那一刻，他们仿佛置身于梦境之中，心中充满了感激与欢

喜。在那两个夜晚里，他们全心全意地沉浸在《牡丹图》带来的艺术享受中。月光如水，洒在画卷上，那牡丹仿佛活了过来，在微风中轻轻摇曳，散发出迷人的芬芳。他们并肩坐在窗前，时而凝视着画中的每一笔、每一画，时而低声交流着彼此的感受与见解。当归还画作的那一刻到来时，他们心中充满了不舍与留恋。

除了沉浸在诗词文章的墨香中，痴迷于金石书画的艺术世界，出游亦成为李清照与赵明诚生活中不可或缺的一部分。他们时常携手漫步于京城的园林之间，沐浴在春日的暖阳下，欣赏着繁花似锦的美景。暮春时节，李清照与赵明诚一同漫步于宫苑之中，携酒赏花。初时，他们只见低垂的护花帷幕和巧夺天工的护栏，仿佛是春天的最后一抹温柔。然而，当他们终于窥见那花儿的真容时，不禁为之倾倒。花色淡雅，风姿绰约，宛如一位初妆的美人，清新脱俗，天真烂漫。春日的阳光洒满京城，买花赏花的人群络绎不绝，热闹非凡。然而，当绮筵散尽，谁又能继续为这世间留下芬芳？于是李清照用笔墨抒发感慨写下这首《庆清朝》：

禁幄低张，彤阑巧护，就中独占残春。容华淡伫，绰

约俱见天真。待得群花过后，一番风露晓妆新。妖娆艳态，
妒风笑月，长殢东君。

东城边，南陌上，正日烘池馆，竞走香轮。绮筵散日，
谁人可继芳尘。更好明光宫殿，几枝先近日边匀。金尊倒，
拼了尽烛，不管黄昏。

宫苑中的护花帷幕低低地垂挂遮阳，红色的栏杆精巧
地环绕围护。那里被精心保护的是一种独占暮春风光的名
花。这种花淡雅挺立，姿态柔美，朵朵都呈现出天公造化
的精妙绝伦。等到数不清的春花纷纷开过之后，经历了春
风吹拂、春雨浴洗、清露浇洒的名花，仿佛晓妆初成的美
人，带给人无限清新。它以无比妩媚的姿态，戏弄春风、
嘲笑春月，尽情地引逗着司管春天的神君。

在东城、南陌这些日光易照之处，那里的亭台池馆
整天都被暖烘烘的太阳熏抚；从早到晚，赏花买花的人们
车水马龙川流不息。在这般牡丹盛开如锦如簇的兴会结束
后，又有什么花可以继它之后，散发出诱人的芳香呢？最
迷人的是在这明光宫苑内，有几枝向阳的牡丹正在竞芳吐
艳。对着花儿飞觥举觞，快些把金杯内的美酒喝下，别管
它金乌已西坠，黄昏将袭来，筵上还有未燃尽的残蜡！

在这个春天的故事里，李清照与赵明诚的爱情如同那些花儿一样，绽放着最绚烂的光彩。他们珍惜着每一个共同度过的瞬间，即使心中有着隐隐的伤感和担忧，他们也选择了尽情享受当下，让爱情在春天的怀抱中绽放出最动人的诗篇。日后，李清照回忆起这段时光，总是感慨万分。她和赵明诚的生活就如同"葛天氏之民[2]"，虽然物质条件简单，但精神世界却是丰富多彩，自在而快乐。他们在艺术探求中得到了精神上的满足，使得物质的感官享受变得不那么重要。他们有着共同的志趣，彼此理解、倾慕、尊重和欣赏，成为彼此的知己。在他们的生活中，"人生得一知己足矣"这句话得到了最好的诠释，他们不仅是夫妻，更是灵魂的伴侣。

注释

[1]《集古录》：该书收录了历代石刻跋尾四百余篇，对金石学有开创之功。同时，它也是中国现存最早研究石刻文字的专书，为后世金石学的发展奠定了基础。

[2]葛天氏之民：葛天氏是中国古代传说中的远古部落，其民众被描绘为生活在一种淳朴、自然、未经文明过多熏染的社会形态中。"葛天氏之民"常被用来象征一种理想化的、与自然和谐共存的原始生活方式。

如梦令·昨夜雨疏风骤

昨夜雨疏风骤，浓睡不消残酒。

试问卷帘人，却道海棠依旧。

知否，知否，应是绿肥红瘦。

第四章　隐居十年

（1101—1126）

　　世事无常，变幻莫测。在这风起云涌的政治旋涡中，
她原本宁静的生活被逐一撕裂。亲友离世，夫妻别离，她
被迫辗转各地。只是未曾想，这浓重的愁苦，竟成了她余
生挥之不去的主旋律。

动荡岁月，文人的泪与愁

在宋代的历史长河中，四位书法巨匠——苏轼、黄庭坚、米芾、蔡襄散发着熠熠生辉的星光，他们以笔为舟，以墨为帆，纵横在艺术的海洋，留下了不朽的印记。而在这四位书法大家中，苏轼的人生轨迹尤为跌宕起伏，充满了传奇色彩。

苏轼，字子瞻，号东坡居士，他才华横溢，不仅在书法上独树一帜，还在诗、词、文、画等多个领域均有卓越成就。然而，在那个风云变幻的时代，苏轼的命运似乎总被党争的阴云所笼罩。他曾被贬黄州，开始了一段颠沛流离的生活。在那段艰难岁月里，他以笔为伴，以书为友，将满腔的愤懑与不平倾泻于纸墨之间，凝结为《念奴娇·赤壁怀古》《定风波·莫听穿林打叶声》《西江月》等众多震撼人心的名作。

李清照出生的那一年，正是苏轼人生中又一个转折点。他从黄州迁往汝州，但幼子的夭折使他深受打击，转而请求居住常州。此后，他多次被流放，辗转于多个城市。建中靖国元年（1101），新皇宋徽宗登基，大赦天下，苏轼终于得以从蛮荒之地回归故乡。然而，就在李清照与赵明诚喜结连理的那一年，苏轼却在归途中不幸染病逝世，享年六十六岁。苏轼的离世并未给那场旷日持久的党争画上句号。一年后，朝中风云再起，政局变幻莫测。曾经依附于权臣章惇，被贬谪至杭州的蔡京，竟意外地重新获得了宋徽宗的青睐，再登政治舞台。

蔡京善于察言观色、机变逢迎，其政治手腕堪称一绝。在宋神宗的新法浪潮中，他是新党的急先锋；高太后执政时期，他又化身为旧党的忠实拥趸；哲宗即位，他再次转换角色，为章惇出谋划策。即使在被贬至杭州的低谷，蔡京也未曾放弃，他的目光始终锁定着重返京城的机会。

蔡京的机会终于到来。他洞悉新皇帝宋徽宗对书法字画的偏爱，便四处搜集稀世珍品，通过宦官童贯之手，呈于徽宗面前。在这一策略下，蔡京逐步赢得了徽宗的信任与青睐，地位也随之水涨船高。宋徽宗在蔡京的影响下，改年号为崇宁，意图重启熙宁年间的新法[1]。然而，新法"兴利除弊、为国为民"的初衷已被遗忘，成为蔡京手中

的棋子。蔡京登上了尚书右仆射的高位，开始对旧党人士
展开无情的清算。

在这场政治风波中，李清照一家也未能幸免。她的
父亲李格非，因文学成就与苏轼结缘，被归为元祐旧党一
员。而她的公公赵挺之，却与章惇志同道合，属于新党一
派。两派势力，如同潮起潮落，命运各异。身为旧党，李
格非被罢免了京东路提刑的官职，面临着被贬出京城的命
运。与此同时，赵挺之却随着蔡京的崛起，如日中天，升
任尚书右丞，权势显赫。一边是即将离去的亲生父亲，一
边是权势正盛的公公，李清照深切地感受到了政治风波的
残酷与无情。

那一天，李清照回到熟悉的有竹堂，看见父亲落寞的
脸庞，心中涌起无尽的担忧。在这一刻，她深知，唯一能
够挽救父亲于危难之中的人，只有她的公公赵挺之。尽管
李清照一向骄傲，不愿低头求人，但此时她放下自己的骄
傲和自尊，决定去求助于公公赵挺之。李清照用她最擅长
的方式——写诗，希望通过笔墨唤起赵挺之心中的亲情，
救父亲于危难之中。虽然原诗现已不复存在，但那句"何
况人间父子情"流传至今，足以让我们窥见她当时的绝望
与恳切。

　　随着时间的悄然流逝，李清照的心中充满了无尽的等待与期盼。然而赵挺之那曾经让李清照满怀希望的援手，却始终未曾伸出。身为她伴侣的赵明诚，面对这一切，也选择了沉默与回避。李清照的心，如同被寒风凛冽的冰雪覆盖，冷得透彻。她曾怀揣着满腔的希望，期盼着公公赵挺之能够施以援手，救父亲于水火之中。现实却如同冰冷的刀剑，刺破了她的幻想。而赵明诚的沉默，更是让她感到深深的失望。在这样的心境下，李清照用一句诗"炙手可热心可寒"来表达自己复杂的情感。杜甫曾在《丽人行》中用"炙手可热"一词，来形容杨国忠和杨玉环兄妹的权势。而此刻，李清照心中的"炙手可热"却是用来形容赵挺之的冷漠。她曾以为，像赵挺之这样位高权重的人，应该能够拯救她的父亲，但他却选择了袖手旁观。在这一句"炙手可热心可寒"中，李清照不仅表达了对赵挺之的失望与寒心，还隐含着对赵明诚的哀怨与不满。她曾以为，爱情可以让她拥有无尽的温暖与力量，然而此刻，她却感到前所未有的孤独与无助。

　　在那个年代，多愁善感的李清照与梅花结下了不解之缘。梅，这位冬日里的使者，成为她情感世界中的知己。在幸福愉悦的时光里，她以梅花为伴，吟咏出色调明

朗、洋溢着生机与希望的词句；而在孤独苦闷的时刻，她
依然对梅倾诉，这时的词句中蕴含着深深的感伤与哀愁。
或许，正是在李格非被贬之后，李清照心中的忧愁如同冬
日里的寒霜，无法消散。在这样的心境下，她提笔写下了
《玉楼春》：

> 红酥肯放琼苞碎，探著南枝开遍未。不知酝藉几多香，
> 但见包藏无限意。
> 道人憔悴春窗底，闷损阑干愁不倚。要来小酌便来休，
> 未必明朝风不起。

初开红梅柔艳，引得众花欲绽。试问幸运的南枝，你
的花儿是否已开遍？我不知道梅花包含多少幽香，只觉得
蕴藏情意无限。

春日里窗下有人忧伤憔悴，因心中愁闷而无法倚靠栏
杆赏景。要想饮酒赏花便来吧，明天未必大风不会起。

在梅花的香气中，李清照找到了一种超越言语的沟
通，一种心灵的慰藉。她将梅花视为可以倾听心事的知
己。在梅花的香气中，李清照感受到了生命的美好与希
望，也体会到了人生的变迁与无常。

文字都写不尽的忧伤

　　崇宁三年（1104）四月，朝廷的诏令如寒霜般降下，元祐党人的子弟不得在京城居住或担任官职，李清照亦在其中。她不得不告别这繁华之地，回到遥远的故乡明水。

　　她的心中，还深藏着父亲被贬的伤痛，那沉重的阴霾似乎从未散去。而她的丈夫赵明诚已结束了太学的求学生涯，步入仕途一年有余，平日忙于政务，无暇陪伴在她身边，分担她的忧愁。她的内心苦痛，如同深秋的落叶，无人拾起，只能独自在风中飘零。

　　在故乡明水，李清照的生活变得异常宁静，但这份宁静却不再是她曾经享受的那种闲适，而变成了一种难以言说的煎熬。秋天来临，红荷凋零，竹席上透出丝丝凉意，李清照独自一人，登上了一叶扁舟，在湖面上随波逐流。她回想起少女时代，与伙伴们无忧无虑地在溪亭荡舟的日子，那时的欢声笑语，如今只能在记忆中寻觅。而现在，她只能独自一人，站在舟中，望着远方，心中充满了对过去的怀念和对未来的茫然。突然，一行大雁掠过天际，似乎在告诉她，她的思念已经随着雁群，飞向了远方。月色如水，洒满了西楼，也照亮了她孤独的身影。她静静地坐在窗前，手中把玩着一朵凋零的花，花瓣随着流水轻轻漂走，就像她的心情，无法停留，只能随波逐流。她与赵明诚虽相隔千里，却心意相通。此情此景，无计可消除。李清照轻轻抚摸着眉头，心中的愁绪却如同潮水般涌上心头。李清照只能将这份相思之情，化作笔下的文字，随着这首《一剪梅》倾诉给远方的他：

红藕香残玉簟秋。轻解罗裳，独上兰舟。云中谁寄锦书来，雁字回时，月满西楼。

花自飘零水自流。一种相思，两处闲愁。此情无计可消除，才下眉头，却上心头。

荷已残，香已消，冷滑如玉的竹席，透出深深的秋凉，轻轻地提着丝裙，独自登上一叶兰舟。仰头凝望远天，那白云舒卷处，谁会将锦书寄来？正是那排成人字形的雁群南归时候，月光皎洁，洒满西边的亭楼。

花独自飘零水独自地漂流。一种离别的相思，你我两个人，牵动起两处的闲愁。啊，无法排遣的是——这相思，这离愁，刚刚从微蹙的眉间消失，又隐隐地缠绕上了心头。

远在京城的赵明诚，亦被相思之情深深困扰。每当夜幕降临，他总会独坐案前，提笔写信，却又放下，心中满是无奈与惆怅。尽管他也思念着远方的妻子，但忙碌的生活冲淡了这种相思之苦。而李清照，独自一人承受着相思之苦，无人可排解。她的心中，充满了对赵明诚的思念与牵挂。

重阳佳节，本是团圆之时，却成了相思之苦的催化剂。薄雾如轻纱轻拂，浓云似泼墨轻洒，将天空渲染成一幅忧郁的画卷。白昼似乎被愁绪拉长，每一刻都显得如此沉重。在家人团聚、共赏秋色的佳节，李清照却独自一人躺在玉枕之上，纱帐轻垂，窗外的秋风带着一丝凉意。黄昏时分，她走到东篱之下，举杯独酌。黄花在秋风中轻轻摇曳，散发出淡淡的香气，盈满了她的衣袖。终究还是转身回屋吧，谁说这西风轻拂、黄花凋零的时刻不让人黯然神伤？那帘外的西风，带着几分凄冷，几分萧索，轻轻拂动着珠帘，发出沙沙的声响。而这帘内的人比那西风中的菊花还憔悴，于是，她写下了这首《醉花阴》：

薄雾浓云愁永昼，瑞脑销金兽。佳节又重阳，玉枕纱厨，半夜凉初透。

东篱把酒黄昏后，有暗香盈袖。莫道不销魂，帘卷西风，人比黄花瘦。

薄雾弥漫，云层浓密，日子过得愁烦，龙脑香在金兽香炉中袅袅。又到了重阳佳节，卧在玉枕纱帐中，半夜的凉气暗中袭来。

在东篱边饮酒直到黄昏以后，淡淡的黄菊清香溢满双袖。莫要说清秋不让人伤神，西风卷起珠帘，帘内的人儿比那黄花更加消瘦。

昼夜，本是时间的自然流转，但在古诗词中，它们常常被赋予了更深的情感色彩。如苏轼在《菩萨蛮·回文秋闺怨》中"影孤怜夜永，永夜怜孤影"一句，用"永夜"来表达时间的漫长以及孤独的心境。而李清照用"永昼"一词，巧妙地描绘出了她内心的愁闷与难解。她的愁绪，就像那漫长的白昼，无休无止。那句"莫道不销魂，帘卷西风，人比黄花瘦"，更是为人所称赞。西风轻拂，帘幕轻卷，那凄清的氛围如同画中的景色，跃然纸上。而"瘦"字，则成了她与黄花之间情感的桥梁。她用黄花比喻自己，用自己的形象映照出黄花的神韵。人与花，形神宛如镜像，情感如丝相牵，似乎已融为一体，难分难解。这简单的语句，却蕴含了无尽的深意，让人在字里行间感受到她那深沉的相思之苦。

当赵明诚收到这首词时，深深为李清照的才情所折服。尤其是词中那"莫道不销魂，帘卷西风，人比黄花瘦"的深情与韵味，让他为之感叹。赵明诚突然心血来潮，想要与他才情横溢的妻子比试一番。于是，他将自己关在书房中，夜以继日地苦思冥想，历经三个漫漫长夜，终于完成了五十首词作。他将自己的这些作品，和妻子的《醉花阴》混杂在一起，一同精心编排，送给友人陆德夫品评。陆德夫细细品读后赞叹道："只三句绝佳。"赵明诚急切询问是哪三句，陆德夫所指的，正是"莫道不销魂，帘卷西风，人比黄花瘦"。

李清照的词作中，"瘦"字的运用尤为精妙，她因此也得了一个雅号——"李三瘦"。在她笔下，"瘦"字不仅仅是形象的描绘，还是一种情感的寄托，一种对美的极致追求。无论是"知否，知否，应是绿肥红瘦"的自问自答，还是"新来瘦，非干病酒，不是悲秋"的自我抒怀，都展现了她对语言的敏锐感知和对情感的细腻把握。

踏春草回京城

　　日子缓缓流淌，对于李清照而言，那段在明水度过的岁月仿佛永远没有尽头。而在千里之外的京城，赵明诚及其父亲赵挺之的生活，却是另一番天地。

　　崇宁四年（1105）的朝廷，旧党人士被彻底清算，新旧党争的硝烟逐渐散去。此时的赵挺之已官居尚书右仆射，位极人臣，享受着权力的荣光。然而，正如阳光下的阴影，当外部的矛盾逐渐平息，内部的纷争却开始浮出水面。赵挺之与蔡京，这一对曾联手对抗旧党的同僚，却因争权夺利而变得矛盾尖锐起来。赵挺之对蔡京的奸诈行径深感不满，他清楚蔡京的手段，明白自己难以匹敌。岁月的流逝和宦途的疲惫，让这位老臣心生退意。他在青州的乡间购置了房产，向皇帝上书请求辞官。宋徽宗考虑到赵挺之过往的功绩，准许了他的请辞，并以加封赵家三兄弟官职的方式，作为对其家族的额外恩宠。赵明诚作为赵挺之的儿子，被赐予鸿胪少卿的职位。

正当赵挺之收拾起尘世的疲惫，怀揣着归隐青州的憧憬之际，天象的异变却为朝政带来了新的转机。崇宁五年（1106），一颗彗星在夜空中划出了耀眼的轨迹，引起了宋徽宗的注意。在古代，彗星的出现常被视为天象示警，预示着吉凶祸福。宋徽宗开始深思，对蔡京的所作所为进行了重新审视。赵挺之的奏报在此刻显得尤为真切，蔡京的奸恶行径似乎已经触怒了天意。在一番权衡之后，徽宗皇帝决定顺应天意，颁布诏令，罢免了蔡京的官职，赵挺之则被重新任命为尚书右仆射，回到了权力中心。这一决策也标志着对元祐党人的态度转变，宋徽宗下令毁弃了元祐党籍碑，消除了对旧党成员的打压，恢复了他们的官职。在这样的大背景下，李格非也得到了平反，被任命为京东路提刑。不幸的是，也就在这一年，李格非去世，享年六十一岁。

随着党争的硝烟逐渐散尽，李清照得以结束艰难的流放生活，重返京城。与赵明诚的重逢，理应充满喜悦，但对于李清照而言，这份喜悦之外，却也掺杂着不少复杂的心绪，一首《小重山》将这种心结暴露无遗。

春到长门春草青。江梅些子破，未开匀。碧云笼碾玉

成尘，留晓梦，惊破一瓯春。

　　花影压重门。疏帘铺淡月，好黄昏。二年三度负东君，归来也，著意过今春。

　　春天已到长门宫，春草青青，梅花才绽开一点点，尚未均匀开遍。取出笼中碧云茶，碾碎的末儿玉一样晶莹，想留住清晨的好梦，呷一口，惊破了一杯碧绿的春景。

　　层层的花影掩映着重重的门户，疏疏的帘幕透进淡淡的月影，多么美好的黄昏啊。已经是两年三次辜负了春神，归来吧，说什么也要好好品味今年春天的温馨。

　　这首词，便是她在重回京城后所作。李清照以其细腻的笔触，描绘了春日美景。词中春意盎然，春草
wēi ruí
葳蕤[2]，江梅点缀，她似乎在尽情享受这久违的春光。黄昏时分，花影摇曳，新月如钩，一切显得宁静而祥和。然而，在这表面的欢愉之下，却隐藏着词人深深的哀愁。李清照巧妙地引用了唐代薛昭蕴《小重山·秋到长门秋草黄》一词中的"秋到长门秋草黄"，并以"春到长门春草青"开篇，借用长门宫的典故，隐喻自己曾受冷落的心境。长门宫是汉武帝皇后陈阿娇失宠后的居所，如今成为李清照心中那份难以言说的孤寂与哀愁的象征。春天的生

机与长门宫的孤寂，形成了鲜明的对比，暗示着两人之间可能存在的隔阂。

尽管李清照得以与赵明诚再次重聚，但往昔的愁云尚未完全散去，新的忧愁又悄然而至。在这春光明媚的日子里，她的内心却感到了一丝难以言说的悲凉。

其实，李清照此刻的忧伤，只是爱情旅途中一段短暂的阴霾，与她后来的人生长卷相比，显得微不足道。然而，对于初涉红尘的李清照而言，她曾对爱情怀抱着如诗如梦的憧憬，因此，与赵明诚之间的情感一旦泛起涟漪，便如同晴空之下骤然聚起的乌云，将她的世界笼罩在一片昏暗之中。

这片乌云何时能够消散，他们的情感能否如那历经岁月洗礼的古树，任凭风吹雨打，依然枝繁叶茂，绿意盎然？这一切，都如同深藏在迷雾中的未来，唯有时间这位公正的见证者，才能缓缓揭开其面纱，让我们一窥究竟。

经历风雨，找个安静的角落

在李清照返回京城的次年，宋徽宗决定改年号为大观。这位皇帝多次改变年号。每一次年号更迭，都似乎暗示朝廷内部权力生态的风云变幻。这一年的一月，蔡京重新回到了朝廷的权力中心，继续担任尚书左仆射的职务。

北宋，这个曾经繁荣强盛的王朝，如今已经像一棵从根部开始腐朽的大树，失去了往日的生机。宋徽宗对蔡京的依赖已经到了无以复加的地步，蔡京的复出成为必然。蔡京重新掌权仅仅两个月后，也就是大观元年（1107）的三月，赵挺之被剥夺了相位。对于这个结果，赵挺之虽然早有预感，但心中的愤懑和忧郁却难以言表。赵挺之因此一病不起，短短五天之内，便撒手人寰。他的离世，对于赵家来说，无异于一场灭顶之灾。一直以来，赵挺之都是家中的顶梁柱。而如今，他的离世让赵明诚和他的两位兄长感到无所适从，家族的未来也因此蒙上了一层厚厚的阴影。幸好，赵明诚的母亲郭氏是一位坚韧的女性，她在这种困境中展现出了非凡的冷静，使得整个家族能够在悲痛之中逐渐安定下来。

宋徽宗得知赵挺之逝世的消息后，亲自前来吊唁。他追赠赵挺之为司徒，这一举动让赵家人稍感安慰，心中也暗自期待皇帝能因此护佑赵家。然而，他们很快就意识到，这表面的吊唁之举背后，其实隐藏着更多未知的变数。蔡京，这位朝廷中的权臣，对赵家的报复并未因赵挺之的离世而停止。在赵挺之去世仅仅三天后，蔡京便上表皇帝，指控赵挺之生前结交富人、包庇元祐旧党，要求对他进行降罪处理。这一举动让已经离世的赵挺之名誉扫地，其生前所受的荣誉与官职也被一一追回。而更为残酷的是，蔡京并未就此罢休，他继续对赵家进行打压。赵家的三位兄弟，也因涉嫌包庇元祐旧党的罪名而被捕入狱。这一系列突如其来的变故，让赵家人措手不及。

在这危急时刻，李清照迅速调整心态，帮助婆婆操持家中大小事务，尽力维持家族的稳定。曾经的恩怨情仇，赵挺之对李格非的冷漠，赵明诚在分别之时的游离，此刻在家族的生死存亡面前都显得微不足道。重要的是，她们必须团结一心，共同面对眼前的困境，尽自己所能去撑起这个风雨飘摇的家。

幸运的是，煎熬的等待并没有持续太久。经过查证，蔡京所罗列的赵挺之的罪名并无实据，赵明诚和两位兄长终于被释放回家。虽然官职已失，但对他们来说，只要家人平安，便是最大的幸福。为了避开京城的纷扰和可能的祸事，李清照与赵明诚商议后决定前往青州。那里有一处赵挺之预备养老的房子，一直闲置着，正好可以作为他们的新居。这个决定让李清照感到十分高兴，她开始忙碌地打点行装，期待着新的生活。

在去往青州的路上，李清照的坚强和乐观如同阳光般温暖着赵明诚的心，给予他无尽的力量。自从遭遇家庭变故以来，李清照的父亲离世，家族也陷入了困境。然而，她始终保持着那份坚韧与乐观，用她的温柔与宽解为赵明诚撑起了一片天空。

此去路途遥远，未知的前方，究竟是一片安宁的世外桃源，还是吉凶未卜的动荡之地？青州，这个他们将要前往的新家，又会如何迎接他们的到来呢？

别离已经成为习惯

当时的宋朝，如一座宏伟的宫殿，外观金碧辉煌，而宫殿的柱基却已腐朽不堪。朝堂之上，宋徽宗沉迷于书画与美酒，蔡京则手握重权，在权力的游戏中肆意横行。他们似乎忘却了这个世界的辽阔，不仅仅局限于宋朝的疆域。

北宋政和五年（1115），在东北的边陲，一名名叫完颜阿骨打的女真族领袖，建立了金王朝。当宋朝歌舞升平、纸醉金迷之时，这个边陲王朝却在悄悄积蓄力量，逐渐崛起。

每当一个王朝走到了没落的边缘，总会有人站出来，揭竿而起。宣和元年（1119），宋江，这名曾经的朝廷官员，因为不满朝廷的腐败和黑暗，率领三十六人在梁山泊起义，这就是后来名著《水浒传》的故事原型。然而，朝廷的腐败如同顽疾，宋江的起义并未能使其有丝毫收敛，相反，在权力的腐败下，朝廷变本加厉地剥削百姓。

宋徽宗对花石有特殊的爱好，他在全国搜罗怪石长达二十年，这一行为被称为"花石纲"。他对花石的痴迷对民间造成极大骚扰，凡民间有可用花木、奇石，即入其家，破墙拆屋，劫得后分批用船运往京城，其间，官吏乘机勒索，给东南地区及运河沿岸人民造成极大的灾难。

在那个动荡时代，个人的命运与国家的命运紧密相连。李清照与赵明诚的平静生活也因政局的混乱而被打破。曾经的党派之争已如过眼云烟，赵挺之也离世已久，在纷乱的朝局中宋徽宗决定重新起用赵明诚。大约在宣和元年（1119），赵明诚接到了朝廷的任命，这意味着他将离开与李清照共同生活的青州，重返仕途。

在青州的宁静岁月里，赵明诚在李清照的协助下，完成了《金石录》的初稿。《金石录》全书共30卷，前10卷为目录，共收金石拓本2000种。《金石录》在金石研究上具有继往开来的意义，这部著作的学术价值甚至超过了中国现存最早的金石学著作——欧阳修的《集古录》，赵明诚也因此成为宋代最优秀的金石学家之一。这份卓越的成就，其背后深藏着李清照无数的心血与付出。

赵明诚怀揣着重返仕途的热望，期望能够再次投身于那个更为广阔的社会舞台。他带着满腔的抱负，准备迎接前方崭新的机遇与挑战。然而，女子终究与男子不同，李清照无法像丈夫那样建功立业，她的世界更多地局限于那"一隅之地"。

如果李清照是男儿之身，凭她的才学和智慧，定能在朝廷中占据一席之地，成就一番显赫的事业。她的人生将会波澜壮阔，或许就不会有如此多的忧愁和感慨需要通过诗词来倾诉和抒发。

时光荏苒，转眼间离别的日子已悄然临近。纵有千般柔情，万般不舍，李清照也难以开口挽留赵明诚。她深知，丈夫心怀天下，志在四方，建功立业是他的使命，也是他内心的渴望。她无法阻止他追逐梦想的脚步，更明白他对于远大理想的追求远胜过对儿女私情的眷恋。

在赵明诚重新踏入仕途的初期，他曾有机会与家人同行，但他最终选择了独自前往，留下李清照独自在青州守望。那一刻，青州的天空如同被悲伤的雾气笼罩，李清照的心则如同被遗弃在荒野中的孤舟，独自漂泊。

尽管心中弥漫着难以消解的思念与愁情，李清照却庆幸自己拥有词作这一宣泄的出口。她将那难以名状的思念与愁绪，一笔一画地勾勒在《蝶恋花》中：

暖雨晴风初破冻，柳眼梅腮，已觉春心动。酒意诗情谁与共？泪融残粉花钿重。

　　乍试夹衫金缕缝，山枕斜欹，枕损钗头凤。独抱浓愁无好梦，夜阑犹剪灯花弄。

　　暖融融的雨，晴朗朗的风，刚把冰雪消融，柳叶犹如媚眼，梅瓣恰似粉腮，已可感觉到春心的跳动。饮酒赏春，吟诗述怀，欢乐与谁共？眼泪融化残留的脂粉，额头花钿也觉得沉重。

　　新衣试穿刚上身，夹衫本是金线缝。和衣斜靠山枕上，枕头磨损了钗上的金凤。孤单的愁思太浓，又怎能做得好梦？唯有在深夜里，剪着灯花慢慢拨弄。

　　这首词是李清照笔下又一首婉约动人、情感深邃的佳作。她巧妙地运用了细腻的笔触，将初春的生机与内心的孤寂交织在一起，营造出一种既美丽又哀愁的氛围。在这繁花似锦、春光四溢的时节，李清照却独自承受着深重的愁绪，一个"抱"字，犹如将无形的哀愁紧紧揽入怀中，细腻而传神地勾勒出她内心的沉重与痛苦。她曾与他共赏这无边春色，品味生活的诗意与雅致，如今却只剩下她一人，面对着满园春色，心中却满是寂寥与凄凉。春日的明媚在她的眼中，仿佛被一层淡淡的哀愁所笼罩，那鲜艳的花朵、嫩绿的柳枝，都仿佛成了她内心孤寂的映衬。夜阑犹剪灯花弄，她独自抱着浓浓的愁绪，无法入眠，只能在夜深人静之时，默默地修剪灯花。在古典诗词中，剪灯花常被用来描绘女子的孤独和对爱人的思念。如李商隐的"何当共剪西窗烛，却话巴山夜雨时"等，将剪灯花作为夫妻情深、盼望团聚的意象。李清照剪灯花这一动作，既是对往昔与赵明诚共剪灯花的回忆，也透露出她对赵明诚归来的期盼。

全篇词作，李清照以细腻的笔触描绘了一个思妇的日常生活——见春景而伤怀，无心做事，夜不能寐。并且，她将这种人间常见的相思之情表达得极为婉曲幽深，欲露还藏。她通过描绘春天的生机与自己的孤寂，通过试衣、倚枕、剪灯花等细节，巧妙地展现了自己的内心世界，使得这首词读来别有一番意味。

此时的李清照，已不再是那个在莲子湖畔，悠然荡舟，不经意间沉醉于藕花深处的明媚少女。亦不再是那位文采飞扬，笔下生花，以两首和诗惊艳世人的文人墨客。爱情的丝线已深深缠绕她的心房，将她牵引至情感的深渊，那里充满了对心爱之人无尽的思念与期盼。

莱州再聚，重温美好旧时光

相聚的钟声悠然敲响。宣和三年（1121），赵明诚官拜莱州知州[3]，他决定接妻子李清照共赴莱州一起生活。八月，正值盛夏时节，李清照收拾了行囊，告别了青州的亲朋好友，踏上了前往莱州的旅途。

青州至莱州，虽不过三百里之遥，马车驰骋，数日间便可抵达。然而，对于李清照而言，这段距离却如同隔山望海，心中满是不安与期盼。她望着远方，思绪纷飞，马车在蜿蜒的官道上缓缓行驶，沿途的风景在车窗前流转。

抵达莱州，夫妻俩久别重逢的具体情景，未曾留下确切的记载。但李清照到达莱州时曾提笔，写下一首题为《感怀》的诗。这首诗如同一扇半掩的门，透过它，我们可以窥见她内心的波澜。

宣和辛丑八月十日到莱，独坐一室，平生所
见，皆不在目前。几上有《礼韵》，因信手开之，

约以所开为韵作诗，偶得"子"字，因以为韵，
作感怀诗。

> 寒窗败几无书史，公路可怜合至此。
>
> 青州从事孔方兄，终日纷纷喜生事。
>
> 作诗谢绝聊闭门，燕寝凝香有佳思。
>
> 静中吾乃得至交，乌有先生子虚子。

——《感怀》

宣和三年（1121）八月十日来到莱州，自己一人独自坐在室内，个人喜欢的书籍史典，这间房内都没有。案头上有本《礼部韵略》[4]，因此随手翻开，拟以所翻开页上的字为韵来写诗。偶尔翻到"子"字，于是以"子"字为韵，写了一首感怀诗。

破旧的窗台和书案上没有一本诗书和史集，给人感觉就像袁术穷途末路生出的感慨：一无所有。赵明诚每天奔波于酒宴之中，醉心于钱财当中，一天到晚就是这些无聊的闲事。写诗要闭门谢客，在自己的住处焚香静思才能有好的想法。在平静中我得到两个好朋友，一个是乌有先生，一个是子虚先生。

在宣和三年（1121）辛丑，八月十日的某个宁静时

刻,李清照抵达了莱州。她独自一人,步入寓所,室内
寂静无声。环顾四周,那些曾在记忆中熟悉的景物与往
昔的欢声笑语,此刻都如烟雾般消散,只余下空荡荡的房
间和满心的感慨。在几案上,摆放着一本《礼部韵略》,
她随意地翻开它,决定以翻开的那一页所遇到的字作为韵
脚,即兴创作一首诗。巧合的是,她翻开的页面上出现了
"子"字。她沉思片刻,决定以这个"子"字为韵,将心
中的感慨化作诗篇。

与想象中的不同,赵明诚并未在第一时间带着满心的
欢喜与她相聚,倾诉彼此的衷肠,而是让她独自一人,静
坐于空荡的室内,面对着四周的寂静与冷漠。

而在诗中,我们无法捕捉到一丝喜悦的气息,诗行间
弥漫着一种深深的失落与冷寂。首联"寒窗败几无书史,
公路可怜合至此",描述了李清照所处的环境——破旧的
窗户、残败的书桌,以及缺乏书籍和史籍的情景。但赵明
诚作为一州之官,其官邸理应不乏雅致与舒适,为何李清
照会用"寒窗败几"来形容?或许这并非对实际居所的直
接描绘,而是李清照心中情感的倒影。在情绪的波动中,
外界的景象往往与内心的情感紧密相连,恰如杜甫笔下所
描绘的"感时花溅泪,恨别鸟惊心"。在愉悦之时,花鸟

的生机勃勃与欢声笑语相映成趣，构成了一幅和谐美好的春日图景。然而，当心怀忧戚，同样的花鸟却变得令人心生哀愁，花儿仿佛因感伤时世而泪洒花瓣，鸟儿则因离别的苦恨而叫声凄切。李清照的心境便是如此，在这无亲无故的异乡，李清照的心如飘零的落叶，无人可依。即便宅中陈设华丽，也不过是空有其表，无法填补她内心的空缺。她的丈夫赵明诚，虽身为州官，却忙于公务，无暇顾及她的感受。她独自坐在一室之内，目之所及，皆是破败与荒凉，仿佛连这宅邸也与她一同陷入了无尽的孤独之中。

尾联"静中吾乃得至交，乌有先生子虚子"。李清照在静谧中找到了自己的知己，那就是司马相如《子虚赋》中虚构的两位人物——乌有先生和子虚子。李清照巧妙地将这两个词汇化作人名，以一种自嘲而又幽默的笔法，表达了自己对于孤独的深刻感受。这种自嘲，虽带着几许幽默，却更显得凄凉与无奈，让人感受到深深的悲哀。

这与李清照一贯的坚韧和清雅文风形成鲜明对比，不禁让人思考，她内心的愁怨究竟积聚到了何种程度，才让她不得不以这样的方式一吐为快。

生活的真实面目如同多变的天气，不会永远晴空万里，总会有阴霾与暴雨。爱情与婚姻，这对世人向往的羁

绊，也如同世间万物，难以达到绝对的圆满。他们的日子
依旧在岁月的河流中缓缓流淌。那些曾经的波澜，如同
石子投入湖中，激起层层涟漪，但终究在时间的抚慰下归
于平静。而在这过程中，他们之间的默契和对金石志趣的
共同热爱，成为他们修复感情裂痕的桥梁。这种默契不
仅仅是对彼此的理解和包容，更是对共同爱好的追求和
执着。

当赵明诚在莱州任满三年后，他得到了新的任命，
前往淄州。一次偶然的机会，赵明诚得到了白居易亲笔书
写的《楞严经》。这份突如其来的惊喜，让赵明诚欣喜万
分。他骑马飞奔回家，只想以最快的速度与李清照分享
这份喜悦。当李清照看到赵明诚手中的《楞严经》时，她
的眼中也闪烁着惊喜的光芒。她烹好了一壶香茗，两人围
坐在桌前，一边啜饮着香茗，一边细细品赏着白居易的手
迹。时间在这一刻仿佛凝固了，他们忘记了周围的一切，
只沉浸在这份难得的喜悦之中。直到两根蜡烛的火焰渐渐
熄灭，他们才意识到已经过去了五六个小时。然而，他们
依然余兴未减，那份默契仿佛让他们回到了最初的时光。

注释

［1］新法：即王安石变法，由王安石发动的一场旨在改变北宋积贫积弱局面的社会改革运动。

［2］葳蕤：指草木茂盛的样子，也用来形容枝叶繁盛、华美、华丽，或者用来形容女子的美貌和身姿。

［3］知州：官名。宋代委派朝臣为州一级地方行政长官，全称为"权知某军州事"，简称"知州"。原意为"暂行主持本军本州事务"。

［4］《礼部韵略》：韵书，五卷，宋丁度等修订《韵略》而成。专备礼部科举考试之用。所谓"略"，指当时举子常用字书，韵书的略本。

第五章　孤苦流离

（1127—1129）

　　二十载春秋匆匆而过，昔日的青涩与儿女情长，早已在岁月的洗礼下变得深沉而厚重。当外敌的铁骑踏破故土的宁静，百姓在战火的硝烟中颠沛流离。她挣脱了个人情感的羁绊与家庭琐事的桎梏，将目光投向了那广袤无垠的家国天下。

山河已变，该何去何从？

    李清照与赵明诚的宅邸中，岁月静好，如同池中的莲，静谧而雅致。他们的生活，犹如一幅细水长流的画卷，平淡而和谐，充满着诗意的恬静。然而，外界的风云却悄然汇聚，如同即将来临的暴风雨。

    回溯到北宋的开国之初，宋太祖赵匡胤以其铁血手腕和非凡的军事才能，成功统一了多民族的国家，开创了北宋的辉煌基业。他虽出身军人，但在治国策略上却独树一帜，重文轻武，推崇儒学，大力发展文化事业，使北宋的文化繁荣达到鼎盛，诗词歌赋等文学艺术蓬勃发展，经济也取得了空前的进步。然而，这种文化繁荣的背后，却也埋下了军事薄弱的隐患。

    面对北方辽国骑兵的频繁侵扰，北宋军队力不从心，屡战屡败。为了维护边境安宁，北宋与辽国签订了"澶渊之盟"，北宋每年向辽国提供岁币，结束了宋辽战争。然而，和平并未持久，西夏政权的崛起成为北宋新的威胁。

一剪梅·红藕香残玉簟秋

红藕香残玉簟秋。轻解罗裳，独上兰舟。

云中谁寄锦书来，雁字回时，月满西楼。

花自飘零水自流。一种相思，两处闲愁。

此情无计可消除，才下眉头，却上心头。

在军事薄弱的情况下，北宋不得不继续向辽和西夏缴纳沉重的岁贡，给国家经济带来了巨大压力。

宋神宗赵顼是北宋的第六位皇帝，宋神宗即位后，深感朝廷的弊病和国家的危机，他希望通过改革来加强国家的整体实力。为了实现这一目标，宋神宗任用了王安石等改革派人士，推行了一系列新法。此次变法被称为"王安石变法"。但是，新法的推行并不顺利，由于新法触动了旧官僚的利益，他们纷纷站出来反对新法。朝中党争激烈，改革派和保守派之间的斗争愈演愈烈。尽管王安石等人竭尽全力推行新法，但由于朝中阻力太大，新法最终还是未能成功实施。同时，随着变法的失败，北宋的颓势已经难以挽回。

政和五年（1115），完颜阿骨打建立金王朝。宋徽宗在位的时期，金王朝逐渐崛起，北宋面临和金、辽、西夏共争天下的局面。宣和二年（1120），北宋与金王朝达成"海上之盟"，共同对付辽国。然而，北宋的腐朽和军队的疲弱在联合作战中暴露无遗，金王朝在窥见了北宋的虚弱后，野心更加膨胀。金军灭了辽国后，便如同饥饿的狼群般全力攻宋。宣和七年（1125），金王朝大举南侵，这是北宋历史上的一次重大转折点。北宋的军队在金兵的猛

烈攻击下节节败退，金兵一路南下，直取北宋都城东京。此时的北宋已经如同风中残烛，摇摇欲坠。宋徽宗在慌乱和恐惧中下诏让位给太子赵桓，即宋钦宗。然而，即使换了皇帝也无法挽回大宋的颓势。

靖康元年（1126），伴随着正月料峭的寒风，金兵的铁蹄踏破了京城的宁静，这座繁华的城池陷入了战火的苦难之中。李纲，这位忠勇的将领，挺身而出，率领勇士们浴血奋战，誓死保卫家国。京城在铁与火的洗礼下，得以保全。金兵接受了议和，退兵而去，但这只是暴风雨前的片刻宁静。宋钦宗，这位在风雨飘摇中继位的皇帝，面对着前所未有的国难，也曾顺应民意，力图清除朝中的奸佞，如蔡京、童贯等"六贼"，并提拔了种师道、李纲等忠良之将。但在主战与主和之间，他始终摇摆不定。这种犹豫不决，让他错失了战机。历史的车轮滚滚向前，不等人徘徊。十一月，金兵再次南下，如暴风雪般席卷了京城。种师道已逝，李纲远在他乡，京城孤立无援。当李纲得知京城告急，他疾驰而归时为时已晚，只能眼睁睁地看着京城沦陷。

靖康二年（1127），这是北宋历史上最为沉痛的一年。宋徽宗、宋钦宗父子以及皇族宗室、后宫妃嫔、朝中大臣等三千余人，皆成为金人的俘虏，被押解至金国。昔日繁华的京城，沦为了废墟，疮痍满目。宋徽宗，这位曾经风雅一时的皇帝，被金人俘虏后，被封为"昏德侯"，和他的儿子宋钦宗一起，受尽了凌辱。最终，他们死在了遥远的五国城（今黑龙江依兰），结束了他们悲剧的一生。北宋王朝，这个曾经辉煌一时的帝国，至此宣告覆灭。这就是靖康之耻，也是北宋的沉沦。

同年五月，宋徽宗赵佶的第九子康王赵构，在国家危亡之际临危受命，在南京应天府（今河南商丘）称帝，是为宋高宗。赵构改年号为建炎，南宋的历史也由此展开。

国事家事，息息相关不可分。在青州、莱州的岁月里，虽时有传闻外敌的侵扰，但夫妇二人始终未曾将那些遥远的战火与自己的生活相联系。当金兵的铁骑踏破了大宋的宁静，他们的世界也随之崩塌。淄州虽远离战火的中心，但战乱的阴影如同蔓延的瘟疫，悄然侵蚀着这片土地。宋金交战的士兵，如同无头苍蝇，四处流窜，给淄州带来了不安与恐慌。作为一州之长，赵明诚不得不派遣部下前往镇压，以确保淄州的安宁。

在这风雨飘摇的时刻，李清照与赵明诚开始认真地思考和谋划未来。然而，就在他们犹豫不决之际，噩耗传

来——赵明诚的母亲郭氏在江宁（今江苏南京）离世。作
为儿子，赵明诚必须前往奔丧。可此刻，那些他们共同
珍藏的金石文物，却成了他们心头难以割舍的重担。在艰
难的抉择中，他们决定忍痛割爱，将那些不甚珍稀的字画
和书籍、没有落款和标识的古器以及过于笨重巨大的器物
一一舍弃。在《金石录后序》中，李清照以她那细腻而沉
郁的笔法回忆道："闻金寇犯京师，四顾茫然，盈箱溢
箧，且恋恋，且怅怅，知其必不为己物矣。"

最终，赵明诚带着十五车最为珍贵的文物前往江宁
奔丧。而李清照，这位柔弱却坚韧的女子，却决定独自返
回青州，去守护那些剩余的文物。青州，这个离京城更近
的城市，战火更加频繁，危险如影随形，但李清照毫不退
缩。她明白，这些文物不仅仅是她与赵明诚的共有财富，
更是珍贵的文化瑰宝。

宋高宗建炎元年（1127），寒冬凛冽，青州城上空笼
罩着浓重的阴云。一场突如其来的兵变，打破了原本的宁
静。在仓皇出逃之际，李清照以一己之力，舍命救出了赵
明诚视为至宝的《赵氏神妙帖》[1]。但那十几间屋子里
存放的无数文物，却在这场兵变中化为一片灰烬，随风而
逝。李清照带着这幅珍贵的字帖，踏上了前往江宁的艰难

旅程。终于，在历经千辛万苦之后，李清照与赵明诚在江宁重逢。在那一刻，两人的心中涌动着难以言喻的情绪。历经劫难后的重生之感，与亲人久别后的团聚之喜，与那些在战火中化为尘烟的文物的失落，以及对这破碎河山的无尽哀思，都在这一刻交织在一起，化作无尽的感慨与叹息。赵明诚望着妻子手中完好无损的字帖，心中充满了感激。但他并不知道这幅字帖背后所蕴含的深情厚意，也不知道李清照经历了怎样的艰辛与牺牲，他只将字帖的完好无损看作是神明的庇佑。

赵明诚当时还在守孝期间。依据古礼，父母离世，子女需守孝三年。其间不得参与任何喜庆之事，不得婚嫁，为官者必须离职，暂别官场，回到家中专心守孝。守孝期满后，子女们方可恢复正常生活，为官者也可重新担任官职，继续为国家效力。但此时国难当头，朝廷急需人才来稳固江山。赵明诚被迫提前结束守孝，官升一级，接受任命担任江宁知府[2]。

在江宁的雾霭之中，李清照与赵明诚终于相聚。然而，眼前江山破碎，时局动荡，前路茫茫，未知与变数如同飘摇的烛火，难以捉摸。

以笔抒怀，家国在心

　　岁月如梭，二十载光阴匆匆流逝，李清照的心境亦随之变迁，往昔的青涩与热情，早已被岁月的风霜磨砺得深沉而复杂。

　　在动荡不安、山河破碎的时刻，李清照深刻领悟到国与家之间那不可割舍的纽带。她认识到，国家的安宁与繁荣是家庭和谐与婚姻美满的基石。回首往昔，李清照不禁对自己的过往有所感慨。曾经，她深陷于个人的情感旋涡之中，为了一些琐事而郁郁寡欢，为了一些相思而无尽幽怨。然而，当国家遭遇重大变故时，她意识到个人的情感与国家的大局相比，竟是如此渺小。

　　其实李清照其内心深藏的家国情怀从未消逝。在她青春年华，十六七岁的年纪，便能以两篇长篇和诗，对国家大事提出自己独到而深刻的见解。岁月的风尘，未能掩盖她对政治的敏锐洞察。尽管她曾因父亲和夫家在官场的沉浮而对仕途的险恶有了深刻的理解，但是，她的内心却始终向往着一种超然物外的隐居生活，以期在精神的自由中寻找心灵的慰藉。然而，当外敌的铁蹄踏破故土的宁静，当青州的文物在战火中化为灰烬时，她对国家强盛和君主贤明的渴望变得愈发强烈。她的心灵，如同被风霜洗礼的秋叶，愈发显得深沉而广阔。在她的词作中，昔日那些缠绵悱恻的相思之情渐渐淡去，取而代之的是对人生无常的深刻感悟，对时局变迁的犀利评述，以及对民族未来的深沉忧虑。她的笔触，不再仅仅是抒发个人情感的载体，而成为她对时代风云的深刻反思，对民族命运的深切呼唤。

文字之韵，常映作家心境之波澜。历经故土远离、岁月流转、世事沧桑，李清照笔下诗词之韵，已由昔日的柔婉幽深蜕变为如今的苍凉沉郁，就如下面这首《临江仙》，尽显她内心的沉痛与感慨。

庭院深深深几许？云窗雾阁常扃。柳梢梅萼渐分明。春归秣陵树，人老建康城。

感月吟风多少事，如今老去无成。谁怜憔悴更凋零。试灯无意思，踏雪没心情。

　　这庭院是如此深，它究竟有多深呢？云雾缭绕着楼阁，门窗常常紧闭，虽不深而似深。柳梢吐绿，梅萼泛青，一片早春、大地复苏的风光。春天回到建康，春风吹绿了那儿的树，可是我只身漂泊，看来要老死建康城了。

　　吟风弄月曾有很多，记也记不清了。可如今孤身一人，年老飘零，心情不好，对"风月"不感兴趣，也不敢去接触，什么也写不出来。谁能怜惜我的憔悴，孤身一人更显生命凋零。往昔最喜欢的元宵节试灯现在也没有意思，往日最倾心的踏雪也没有心情，我对一切都感到心灰意冷。

　　在江宁的早春，李清照独自漫步于这幽深孤寂的庭院之中。岁月轻轻描绘着她四十五岁的轮廓，李清照心中满是对往昔岁月的追忆与对现实的叹息。她借用了欧阳修《蝶恋花》中的那句"庭院深深深几许？杨柳堆烟，帘幕无重数"，因为这词句中所蕴含的深深庭院、如烟杨柳和重重帘幕，与她此时的心境是如此的契合。"庭院深深深几许？"三个"深"字，如同三重迷雾，将庭院渲染得愈发幽深。这不仅是现实世界的深度，更是李清照内心世界的写照，那份难以言说的寂寥与哀愁，如同庭院般深邃而难以窥探。杨柳如烟，雾气缭绕，更添一层朦胧之感，将李清照笼罩在一片迷离之中，如同她此刻的心情，既迷茫又无助。而帘幕重重，如同她心中的壁垒，将她与外界隔绝，使她感到更加孤独和封闭。下阕中，"感月吟风多少事，如今老去无成"，这不仅仅是对过往的感慨，更是对现实的无奈。李清照回忆往昔，那些与月共舞、与风共吟的日子，如今已成为遥远的回忆。最后一句"试灯无意思，踏雪没心情"更是直白地表达了李清照此刻的心情。她连试灯和踏雪这样简单的事情都提不起兴趣，可见她的心情已经冷寂到了何种程度。她试图用这种方式来表达自己的心情，却又觉得连字句的雕琢都显得多余和无力。

纵然心境被苍凉与沉郁所笼罩，李清照的心灵深处仍闪烁着一丝清明之光。这光芒虽带着秋夜的清冷，却如同夜空中的北斗，指引着方向，绝不显得颓废与消沉。无论风雨如何侵袭，世事如何变迁，她始终怀揣着对这人世的深深热爱与热切期待。她挣脱了个人情感的羁绊与家庭琐事的桎梏，将目光投向了那广袤无垠的家国天下。

回到当时的政局，宋徽宗赵佶的第九子康王赵构在南京称帝，建立了南宋。然而，这位新君的登基并未给风雨飘摇的宋朝带来希望的光芒。面对金兵的铁蹄和侵略的浪潮，赵构选择了退避三舍，步步南迁，试图以逃避来换取

一时的安宁。他的这一决策，无疑让那些怀揣着一腔热血、期盼着王师北定中原的忠臣义士们深感失望。众朝臣随他仓皇南逃，国家与百姓的安危皆被抛诸脑后。金兵的铁蹄不断南下，威胁着大宋的江山社稷。国家的命运如同飘零的落叶，不定而多舛。随着南渡的流离，李清照抵达了江宁。在这里，她目睹了南宋朝廷的软弱与无能，她的心海里涌动着对国难的无限愤慨与深深忧虑。她的笔下，不再只是婉约的词句，而是化为了锋利的剑，直指时代的沉疴[3]。她以笔为锋，写下了"南游尚觉吴江冷，北狩应悲易水寒"这样的诗句。

南宋的子民们，为逃避战火的蔓延，踏上了向南流亡的漫漫长路。他们挥别了熟悉的故土，怀揣着对家园的眷恋与不舍，辗转至那温婉的江南水乡。然而，即便是江南那如诗如画的景致，那波光粼粼的流水，此刻在他们眼中，也如同被寒霜覆盖，失去了往日的温暖与生机。而那些不幸被金兵俘虏、身陷北国的同胞们，他们的心境更是凄寒至极。在异族的铁蹄下，他们失去了自由，失去了尊严，失去了曾经拥有的一切。他们的心中，充满了对故国的深深思念，对亲人的无尽牵挂，以及对未来的迷茫与无助。那种寒冷，深入骨髓，刻骨铭心，是任何言语都无法表达的痛楚。易水[4]，那个曾经见证了荆轲刺秦王的悲壮之地，如今也承载着南宋子民的痛苦和哀伤。

　　一个原本深居闺阁、与世无争的女子，却以她非凡的才情和坚强的意志，描绘了当时风雨飘摇的时局境况。在她的诗词中，我们看到了山河破碎的悲怆，听到了百姓流离失所的哀鸣，感受到了战火无情的残酷。她不仅为那些南渡的百姓和被俘的同胞们悲戚，更为整个国家和民族的命运而担忧。她的文字中流露出的是对国家和民族的关怀，对时局变幻的敏锐洞察，对未来和平的深切期盼。然而，与之形成鲜明对比的是那些朝堂之上、手握重权的主和派。他们本应是国家的脊梁、民族的支柱，但在国家面临生死存亡的关键时刻，他们却选择了退缩和妥协。他们置国家和民族的利益于不顾，只顾追求个人的荣华与利益，如同懦弱的胆小鬼，藏匿在安全的避风港中，任由国家沉沦于水深火热之境。

　　若她未曾拥有超越世俗女子的非凡识见与博大胸怀，若她仅囿于家庭琐事和知府夫人的身份之中，若她内心麻木、自私且怯懦，那么李清照的词作中便不会流淌出如此刻骨铭心、触动心弦的深沉痛楚。

兵变来袭仓皇逃离

彼时，金兵的铁蹄踏破了中原的宁静，宋室的皇族与百姓纷纷南渡，寻求一片安宁的天地。李清照与赵明诚的故交亲友也随之漂泊，他们在江宁或其周边驻足，寻找新的栖居之所。

岁月流转，人事已非，那些熟悉的山川河流，那些亲切的乡音笑语，都已成为遥远的记忆。于是，召集亲族，举行一次上巳宴饮，便成为这些漂泊异乡之人心灵的寄托。

上巳节，自古便承载着深厚的文化内涵。它起源于古老的祭祀仪式，初时日期并不固定，原定于每年三月的第一个巳日，而后渐渐演化为三月初三这一固定的日子。这一日，人们来到水边，举行庄重的祭祀，并沐浴洗濯，祈求身心安康，祛除一年来的不祥与晦气。

在江宁度过的这个上巳节，对李清照而言，是喜悦与哀愁交织的时刻。春光旖旎，美景如画，亲朋好友的欢聚，本应是欢乐的盛宴。然而，这里并非她深深眷恋的故乡，那些在京城中无忧无虑、宁静安详的日子已成往昔，不复存在。一时的欢乐，转瞬即逝，被深深的物是人非之感所取代，忧伤悄然涌上心头。在万千思绪交织之际，她以《蝶恋花》描绘了当时的心境：

永夜恹恹欢意少。空梦长安，认取长安道。为报今年春色好，花光月影宜相照。

随意杯盘虽草草。酒美梅酸，恰称人怀抱。醉莫插花花莫笑，可怜春似人将老。

漫漫长夜让人提不起一点精神，心情也郁郁寡欢，只能在梦里梦见京城，还能认出那些熟悉的京城街道。为了报答眼下的好春色，花儿与月影也相互映照。

简便的宴席，虽然菜很一般，酒却是美酒，味道也很合口，一切都让人称心如意。喝醉了将花插在头上，花儿不要笑我，可怜春天也像人的衰老一样快要过去了。

这首词如同月色下的暗流，涌动的是她独自承受的寂寞与忧思。自从南渡以来，李清照的心境便时常笼罩在一片忧郁之中。漫漫长夜，她辗转反侧，思绪如潮，难以入

眠。即便偶尔能沉入梦乡，也总是被故乡京城的景象所牵引，那些曾经无数次踏过的道路，在梦中依旧清晰可见，仿佛触手可及。然而，每当她从梦中醒来，那份短暂的欢愉便如同泡沫般消散，留下的只有无尽的空虚和迷茫。

这是李清照与赵明诚在江宁度过的首个，也是最后一个上巳节。家园破碎，国难深重，李清照的心头承载着沉重的家国之痛。即便置身于繁花似锦的春景中，品尝着珍馐美味，耳旁萦绕着欢声笑语，但那无尽的愁绪仍如阴霾般笼罩心头，挥之不去。她环顾四周，只见满座宾客皆沉醉于眼前的欢愉，他们追求的是当下的安逸与满足，对于国家的兴衰与民族的命运漠不关心。即使是她的丈夫赵明诚，也未能理解她心中的悲戚。她的家国情怀显得格外寂寞，李清照感到前所未有的孤独。

在江宁的岁月悄然流逝，赵明诚已在此地任期一年有余。随着金兵的铁蹄不断逼近，高宗皇帝仓皇逃离。时局纷乱，赵明诚接到了朝廷的新任命，前往湖州担任知州。然而，在他离任江宁、奔赴湖州的前夕，一场突如其来的变故打破了江宁城的平静。

御营统制官王亦，这位平日里看似忠诚的将领，却心怀不轨，暗中与兵士勾结，密谋叛乱。他们约定以纵火为信号，企图在夜色中发动兵变。这一阴谋被赵明诚的部下李谟所洞悉，他立即向赵明诚汇报，希望引起足够的重视。但赵明诚，或许因为即将离任，或许因为内心的恐惧和犹豫，对此事未置可否，态度暧昧。李谟见赵明诚犹豫不决，心中焦急如焚。他深知，如果兵变真的发生，百姓将陷入水深火热之中。于是，他决定自行采取行动，暗中部署人手，准备应对可能的危机。果不其然，王亦在某个深夜点燃了反叛的信号，幸亏李谟的应对迅速而果断，乱兵很快被制服，叛乱被迅速平息。然而，当李谟在天亮后去寻找赵明诚报告情况时，却发现赵明诚早已不见踪影。原来，在兵变发生的当晚，赵明诚与两位部下竟然从城楼上悬下绳索，趁着夜色逃离了江宁城。

在那个做出决定的瞬间，我们无从知晓赵明诚的心中是否泛起对李清照的牵挂，是否曾为江宁城百姓的安危感到忧虑。这位在学术领域里锲而不舍、孜孜以求的金石学家，他深藏的胆怯与懦弱，在这场突如其来的风波中，再次被暴露无遗。

乌江畔上的古今对话

赵明诚因"缒^{zhuì}城宵遁"一事，在建炎三年（1129）被
朝廷革职。在经历命运的波折与世事的沉浮后，夫妻二人
决定远离尘世的纷扰，寻找一处宁静之地生活。他们计划
乘坐舟船，从芜湖出发，途经当涂，最终抵达赣江之畔。
在途中，他们将行经乌江[5]。

乌江，自古以来便是文人墨客追思往昔、凭吊古迹的
圣地，历史的烟云在此地留下了浓墨重彩的一笔。多少英
雄豪杰的传奇故事，都与此江息息相关。

公元前202年，楚汉争霸的烽火燃烧至最炽热的时
刻。西楚霸王项羽，曾在战场上所向披靡，无人可挡。而
此时他却遭遇了前所未有的困境。在垓下之战[6]前夕，
刘邦利用了项羽撤退的时机，撕毁了双方的和约，发起了
突袭。韩信，刘邦的得力将领，巧妙地布置了战阵，将楚
军引入了精心设计的陷阱。夜幕降临，楚军被围困在垓
下，汉军在韩信的指挥下，唱起了楚地的民歌。这四面楚

歌，让楚军士兵们士气大减，他们开始怀疑家乡是否已经失守，心中充满了不安。项羽站在高高的营帐前，望着远方，心中充满了无尽的悲凉。他知道，败局已定，自己已回天乏术。面对这绝境，项羽挥笔写下了《垓下歌》："力拔山兮气盖世，时不利兮骓不逝。骓不逝兮可奈何，虞兮虞兮奈若何！"这不仅是一首英雄末路的悲歌，更是项羽心中无尽的哀愁与无奈。他曾是那个力拔山兮气盖世的豪杰，然而命运的残酷，让他的万丈雄心和青云壮志瞬间化为泡影。在这生死存亡之际，项羽心中最为牵挂的，是与他情深意笃的虞姬，他不忍想象她若被俘后的悲惨命运。

虞姬，这位与项羽情深意笃的女子，听到项羽的歌声后，心中充满了悲痛。她不愿独活于世，更不愿让项羽独自面对这残酷的现实。于是，她写下了一首《和项王歌》，选择了自刎，以身殉情。"汉兵已略地，四方楚歌声。大王意气尽，贱妾何聊生。"她告诉项羽，既然他已决定赴死，自己也无意独自苟活于世。

虞姬死后，项羽带着无尽的悲痛与愤怒，杀出重围，一路奔逃至乌江。站立在乌江之畔，面前是波涛汹涌的江水，背后是尘土飞扬中愈发逼近的敌军铁蹄。项羽凝视着

江面，心中涌动着壮志未酬的哀愁。他本可乘舟而去，渡过这生死的界线，逃向未知的彼岸。但项羽的心中，有着比生命更重要的尊严与骄傲。他怎能忍辱负重，怎能背离那曾与他并肩作战、如今已逝的英魂？他怎能让西楚霸王的威名蒙上逃亡的耻辱？在这生死关头，项羽做出了最后的抉择。他放弃了渡江逃命的机会，选择了与虞姬一样的道路——自刎于乌江之畔。一代霸王，就此魂归长天，留下了千古传唱的悲壮故事。

怀着对历史英雄的敬仰之情，李清照与赵明诚特地前往霸王祠瞻拜。在乌江之畔，李清照望着那滚滚东去的江水，历史的尘埃与现实的纷扰交织在一起，如同潮水般涌上心头。那一刻，乌江仿佛成为了她情感宣泄的出口，让她将心中的郁结与哀愁得以倾吐。她选择了借怀古以讽今的方式，写下了这首《夏日绝句》：

> 生当作人杰，死亦为鬼雄。
>
> 至今思项羽，不肯过江东。

活着应当做人中的豪杰，死了也要做鬼中的英雄。

直到现在人们仍然怀念项羽，因为他宁肯战死也决不再回江东。

　　文学史上，李清照以婉约派词人的身份独树一帜，她的词作常含温婉细腻，柔美雅致，宛如潺潺流水，细致入微地描绘着世间的情感与景致。但是，在《夏日绝句》一诗中，她却展现出了截然不同的风貌。开篇两句，犹如雷霆万钧，气势磅礴，直接表达了她对于生死的看法。在她看来，人生在世，应当追求卓越，成为人中的豪杰，展现出非凡的才华与气度。即使生命终结，化作鬼魂，也要保持那份英勇与坚强，成为鬼中的英雄。身为女儿身，若得披甲上阵，手持长剑，她必定也会如同那古时的英雄项羽一般，无畏无惧，宁可选择血洒疆场，马革裹尸，也不愿在苟且中求得片刻的安宁。然而，这样的忧国忧民在当时却显得不合时宜、愚蠢可笑。

　　在宋高宗的统治下，南宋的朝野之中弥漫着一股避战求安的颓风。曾经那种为了家国天下，奋不顾身抗击外侮、收复失地的豪情壮志，似乎已逐渐被遗忘。在这样的背景下，逃跑成为一种流行的、看似"聪明"的选择。然而，令李清照痛心疾首的是她未曾料到，她的丈夫赵明诚，竟也成了其中的一员，放弃了作为丈夫、作为官员的担当与责任。这首《夏日绝句》不仅是对只顾逃命苟安的

南宋君臣的辛辣讽刺，还蕴含着对丈夫赵明诚的深深劝诫
与警示。

李清照，在诗词之间，展现出她对文字运用的非凡天
赋。她的诗词，就像那初春的细雨，悄无声息地浸润着人
们的心田，细腻而深情地描绘出她内心的柔情与思绪。那
些难以言表的隐秘思绪，在她的笔下得到了完美的呈现。
而她的诗词，则如同辽阔的天地，承载着她的志向与抱
负，展现出一种宏大的气象。在她的诗词中，我们可以看
到她对时事政治的敏锐洞察，对家国天下的深情厚意。她
以诗词言志，用文字抒发内心的激昂与豪情，每一句都如
同她的心声，在时空中回荡。

若我们静下心来，细细品读李清照留下的那些珍贵诗
词，仿佛感觉能够穿越时空，与她相遇。在那一字一句之
间，我们能够感受到她的真实与丰满，她的热血与柔情。
她不仅是一位才华横溢的女词人，还是一个有血有肉、鲜
活存在于历史长河中的女子。

今此一别，留下的是无尽的愁

离开江宁前往赣江之滨隐居之途已有两月，建炎三年（1129）的五月李清照和赵明诚抵达池阳，也就是现今我们所知的安徽池州。

初夏时节，阳光温暖而柔和，空气中弥漫着淡淡的花香。山峦翠绿欲滴，水流清澈见底，繁花似锦，鸟儿欢快地歌唱。这样的美景让李清照和赵明诚心中的忧愁和阴霾逐渐消散，取而代之的是对未来的期待和憧憬。

从池阳城北的清溪镇出发，他们沿着蜿蜒的清溪河逆流而上。一路上，他们欣赏着沿途的秀丽风光，感受着大自然的宁静与和谐。当他们穿过城南通远门外的桃花渡，踏上济川古浮桥时，眼前的景象更是让他们叹为观止。桥下水流潺潺，桥上行人络绎不绝，两岸桃花盛开，仿佛置身于一幅美丽的画卷之中。最终，他们抵达了南门水埠头。作为池阳府城当时最大的水运码头，南门水埠头繁忙而壮观。

在这里，他们受到了池阳郡守刘子羽的热情迎接。刘子羽与赵明诚作为曾经的同僚，两人早已是相知多年的挚友。此刻重逢，心中喜悦溢于言表。刘子羽不仅为他们悉心安排了雅致宁静的住所，还亲自带领他们穿行于山水之间，饱览了池阳的自然美景和人文景观。

昔日隐居青州，那清宁岁月的恬淡与美好让李清照难以忘怀。如今，踏足池阳，眼前的秀美山水与淳朴民风再次激起了她内心深处对安静闲适生活的无限向往。在山水田园之间，远离尘嚣，与世无争，静享寻常岁月。

然而，李清照心中的美好憧憬再度化为泡影，高宗的诏书又一次出其不意地降临，命令赵明诚前往湖州履职。这突如其来的转折，其背后或许隐藏着复杂的政治博弈和考量。但无论是哪种原因，对于李清照来说，这都意味着她所期待的平静生活又一次变得遥不可及。

当赵明诚接到前往湖州任职的诏书时，他并不能立即启程赴任。因为根据当时的惯例，他必须先进行"过阙上殿[7]"的仪式。

与李清照的忧愁不同，赵明诚在接到圣旨后却欣喜不已，他毫不犹豫地决定立即启程，不负圣意。至于他的妻子李清照，赵明诚将她托付给了在池阳的好友刘子羽，以及两位同在池阳的熟人——时任江东宣抚使的刘光世和时任御前亲军都统制的程全。

离别的时刻悄然降临，正值六月十三日这一天，李清照陪伴着赵明诚，从南门水埠头启程，乘坐着小船缓缓前行。小船抵达终点，赵明诚葛衣轻裹，冠巾飘逸，神采飞扬，他看起来如此欣喜与激动。李清照凝视着赵明诚这副轻松自在的模样，心中涌起一阵难以名状的酸楚。想到自己独身一人的寂寥和时局动荡所带来的未知危险，李清照的心中充满了忧虑和不安。终于，她再也无法控制自己的情绪，朝着即将离去的赵明诚大喊："若池阳城不幸遭受金兵的侵袭，陷入危机之中，我又将如何自处，如何应对？"

在《金石录后序》中，已至暮年的李清照回忆起了当时的画面，"戟手遥应曰：'从众。必不得已，先弃辎重，次衣被，次书册卷轴，次古器。独所谓宗器者，可自负抱，与身俱存亡，勿忘之！'遂驰马去。""戟手"，即拇指高竖，食指向前。这样的手势究竟是代表了他内心的志得意满，还是他对即将离别的漫不经心？他告诉她，在危难时刻，要跟随众人逃生，若形势迫不得已，便依次舍弃大宗器物、衣物、书籍，直至最后的古器和礼乐宗

器。他强调，那宗器是她必须坚守的，要与其共存亡。这
便是他的回答，如同冰冷的命令，没有一丝温情。他未曾
提及她的安危，她的孤独，她的无助。他似乎只关心那些
金石文物，甚至要她为之付出生命的代价。他的心，似
乎只属于那些冰冷的金石，而非她这个一起共度风雨的
妻子。

在赵明诚离去的那一刻，她的世界只余下一片孤寂与
荒凉。随着时间的悄然流逝，又迎来了一年一度的七夕佳
节。在古老的传说中，被冷酷无情的王母娘娘强行分隔在
浩渺银河两岸的牛郎与织女，会在这一天借助那神奇的鹊
桥，实现他们一年一度、翘首以盼的短暂相聚。在这个特
殊的夜晚，李清照思绪万千，离别的思念与无奈让她心
绪难平，于是她提起笔来，将这份情感倾注于词中，写下
了这首《行香子·七夕》：

草际鸣蛩，惊落梧桐，正人间、天上愁浓。云阶月地，
关锁千重。纵浮槎来，浮槎去，不相逢。

星桥鹊驾，经年才见，想离情、别恨难穷。牵牛织女，
莫是离中。甚霎儿晴，霎儿雨，霎儿风。

草丛间蟋蟀鸣叫，惊落了梧桐叶，那正是人间、天上愁意浓时。以云当阶，以月作地，重重门户锁天宫，纵有木筏来去，终是不相逢。

乌鹊架起的星桥上，一年一度才得以一见，想来离愁别恨定无穷。牛郎与织女，莫非是在别离中？这天空，一会儿晴，一会儿雨，一会儿风。

在这首词作中，李清照似乎在描述牛郎织女的相思之苦，但其实，她笔下的每一个字都充满了对自己孤独与思念的深刻表达。身处陌生的池阳，李清照的生活虽不乏刘子羽等人的善意关照，但这种关怀终究无法触及她灵魂深处的渴望。他们虽好，却不是能够与她共度风雨、共赏明月的伴侣。

在这动荡不安的时代，李清照再次被无尽的忧愁所笼罩，她将内心的苦楚和期待化作了一首首词作。然而，即便明月高悬，洒下清辉照亮天涯，却也难以驱散她心中的阴霾。在这乱世之中，人与人之间的重逢却显得如此渺茫。月亮尚能圆缺有时，但人与人之间的离别与重逢，却难以预测。

生死两茫茫，再见已无望

七月的末尾，李清照终于迎来了赵明诚的音讯。然而，这并非是她所期盼的喜讯。赵明诚因应召匆忙，策马奔腾于炎炎夏日下的江南，不幸染上了疟疾^{nüè}[8]，病倒在建康城。她深知暑热之病的凶险，更担忧赵明诚那急躁的性格会让他病急乱投医，过量服用寒性药物，加重病情。

因此，李清照没有丝毫犹豫，立即启程，昼夜不停，只盼能早日见到赵明诚。当她终于抵达建康时，眼前的景象让她心痛不已。赵明诚躺在病床上，那曾经的意气风发已然不复存在，他虚弱得几乎认不出原来的模样。正如李清照所料，赵明诚确实服用了大量的柴胡、黄芩等寒凉药物，试图以此治疗疟疾，但结果却是雪上加霜，又引发了痢疾[9]。两种疾病交织，使得他的病情日益严重，几乎到了无法挽回的地步。面对如此情况，李清照所能做的，唯有尽她所能，细心照料，以减轻赵明诚的痛苦。

在赵明诚病榻缠绵之际，一个名叫张飞卿的人突然造访，手中捧着一把玉壶，请求赵明诚夫妇为其鉴定真伪。赵明诚与李清照，作为文物收藏界的翘楚，这样的请求屡见不鲜，然而此刻的情况却不同寻常。由于赵明诚的病情严重，李清照的心绪如同乱麻，她只是匆匆一瞥那玉壶，便与赵明诚心照不宣地意识到这是一件伪造品。然而，考虑到赵明诚的身体状况，他们并未直言不讳，而是选择了含糊其词，用委婉的方式回应了张飞卿。张飞卿似乎也察觉到了气氛的微妙，自知不便久留，于是匆匆告辞，带着玉壶离开了。然而，谁也没有料到，这个看似平常的访客，日后竟会为李清照和赵明诚带来难以预料的灾祸。

八月十八日，赵明诚如风中残烛，他已知自己即将走到生命的尽头。在这最后的时刻，他用尽了所有力气，留下了一首绝笔诗。遗憾的是，这首诗已经遗失，我们无法窥探到这位金石才子临终之际的思绪。李清照在《金石录后序》中也未进行说明，只是提到赵明诚"殊无分香卖履[10]之意"。

在他生前，李清照心中曾有过愁怨与不满；但当斯人已逝，那些往昔共度的岁月，在记忆的深处被轻轻唤起，却化作了一缕难以抚平的伤痛。曾经的埋怨与不解，在生

死相隔之际，皆化为缥缈云烟，只留下了无尽的眷恋与
哀思。

又是一个寂静的清晨，金色的阳光透过窗帘的缝隙，
温柔地洒在李清照的身上，但这份宁静的晨曦却未能驱散
她心头的阴霾。在她眼前，藤床纸帐依旧，却仿佛承载了
无尽的寂寥与思念。她缓缓坐起，心中那份难以言喻的沉
重和哀愁如潮水般涌来。在这样的境况下，一首《孤雁
儿》从她的心中流泻而出：

藤床纸帐朝眠起，说不尽、无佳思。沉香断续玉炉寒，
伴我情怀如水。笛声三弄，梅心惊破，多少春情意。

小风疏雨萧萧地，又催下、千行泪。吹箫人去玉楼空，
肠断与谁同倚？一枝折得，人间天上，没个人堪寄。

初春的早晨在藤床纸帐这样清雅的环境中醒来，却有
一种说不尽的伤感与思念。此时室内唯有时断时续的香烟
以及香烟灭了的玉炉相伴，我的情绪如水一样凄凉孤寂。
《梅花三弄》的笛曲吹开了枝头的梅花，春天虽然来临，
却引起了我无限的幽恨。

门外细雨潇潇下个不停，门内伊人枯坐，泪下千行。

明诚既逝，人去楼空，纵有梅花好景，又有谁与自己倚栏同赏呢？今天折下梅花，找遍人间天上，四处茫茫，没有一人可供寄赠。

在中国古代文学中，"孤雁"常常用来象征孤独、失落或离别，因为它在广袤的天空中独自飞翔，无依无靠，给人一种孤寂凄凉的感觉。李清照选择"孤雁儿"作为词牌名，可知她内心的孤独与凄苦。开篇李清照只用"无佳思"来表达她的心情，但这样的轻描淡写却透露出心中深重的忧思。这种情感并非一蹴而就，而是随着词意的深入逐渐展现：曾经精心打理的香炉，如今已无心顾及，沉香在炉中无力地燃烧，散发出断断续续的烟雾，而那香炉早已失去了往日的温暖。这不仅是对环境的描写，更是对李清照内心状态的反映。她的心如同这冰冷的香炉一般，失去了往日的热情与温度，对世间的一切都失去了兴趣和期待。那悠扬的笛声，惊破了梅花的心事，也唤醒了她心中那些如同春天般美好的往日回忆。然而，这些美好的回忆如今都已不在，只留下了深深的遗憾和无尽的思念。

李清照的这首词，相较于其他悼念之作的直抒胸臆，其悲痛之情却以一种别样的云淡风轻的方式流淌而出。这种平静，并非情感的淡漠，而是悲痛至极后的平静。当国家破碎，曾经的繁荣与安宁化为灰烬，人民在战火与烽烟中流离失所，那份对故土的眷恋和对失去家园的绝望，如同深不见底的黑暗，无情地吞噬着心灵的每一个角落。当亲人离世，生死相隔，那份无尽的悲痛与哀伤更是如同万箭穿心，让人痛不欲生。这些突如其来的变故，让人措手不及，没有丝毫准备和反应的余地。

注释：

〔1〕《赵氏神妙帖》：北宋书法家蔡襄的书法作品。这件藏品是李清照与赵明诚婚后，赵明诚做鸿胪少卿时从他人手里买的。

〔2〕知府：宋代委派朝臣为地方府一级的长官，称"知（主持）某府事"，简称"知府"。掌教化百姓、劝课农桑等事宜。

〔3〕沉疴：《晋书·乐广传》："客豁然意解，沈疴顿愈。"形容病情严重且长期未能治愈的状态。

〔4〕易水：位于河北西部，源出易县境，最终汇入南拒马河，东南流注大清河。

〔5〕乌江：今安徽和县东北苏、皖界上的乌江镇。

〔6〕垓下之战：公元前202年，汉军以韩信为统帅，利用多路围攻的战术，全歼楚军，项羽自刎乌江，汉军取得决定

性胜利，标志着历时四年的楚汉战争结束。

[7]过阙上殿：指官员在正式上任前，需前往京城（或皇帝当前所在的行宫）面见皇帝，并在宫殿中接受皇帝的召见。在这个仪式中，官员要穿戴正式的朝服，按照严格的礼仪规范进入宫殿，向皇帝行三跪九叩之礼，然后恭敬地聆听皇帝的训谕。由于这一年正月高宗皇帝在江宁（后来改名为建康），因此赵明诚必须在任职前前往建康进行"过阙上殿"的仪式。

[8]疟疾：由疟原虫引起的传染病，通过蚊子传播，症状包括周期性寒战、高热、大汗，严重时可致命。

[9]痢疾：急性肠道传染病，表现为腹痛、腹泻、脓血便，有传染性，多因饮食不洁或感染疫毒所致。

[10]分香卖履：这个典故来源于东汉末年曹操的《遗令》。曹操在临终前嘱咐将自己的遗物分给妻妾，并建议她们在无事可做时学着做鞋卖以维持生计。这个典故通常用来表示人在临终前对家人的关怀和安排。而赵明诚在临终之时，并没有像曹操一样，对李清照的日后生活进行考虑与安排。

夏日绝句

生当作人杰，

死亦为鬼雄.

至今思项羽，

不肯过江东.

第六章　辗转岁月

（1129—1132）

　　国破家亡，挚爱已逝，她的人生之春早已逝去，复国的梦想亦变得缥缈难寻。孤身一人，在风雨飘摇中辗转漂泊，她的心，又该在何处寻觅那片刻的安宁与归宿？

不易的"国宝守护人"

　　建炎三年（1129）的闰八月，建康（本年由江宁府改建康府）城陷入风雨飘摇之中。金兵大将金兀术[1]大军压境，宋高宗早已仓皇出逃，奔向东南沿海的避难之地。

　　李清照如今却沉浸在丧夫之痛中，心如刀绞。大病初愈的她，身体虽渐渐康复，但心中却依旧充满了对未来的忧虑。赵明诚的离世让她深感悲痛，但更让她感到棘手的是那些珍贵的文物。她与赵明诚生前收集的文物，包括古籍、金石碑刻的摹本和拓本，以及各类古董器物，无一不是无价之宝。然而，如今战火纷飞，她该如何守护这些文物，让它们免遭战火之祸呢？

　　就在此时，朝中大臣王继先贪婪的目光也盯上了这些文物。他企图用三万两黄金的巨款将这些无价之宝据为己有。幸亏赵明诚的表兄谢克家从中斡旋，才使得这场交易未能成功。但这场风波让李清照更加深刻地意识到，这些文物已经岌岌可危。单凭自己的力量守护这些文物几乎是不可能的，更何况她自己也处于漂泊无依的境地。

当时，宋高宗为求皇室安全，将六宫人员分散。隆祐太后被安置在相对安全的洪州（今江西南昌）。而赵明诚的妹夫，时任兵部侍郎，恰好随侍在隆祐太后身边。面对局势的不稳定，李清照深思熟虑后，决定派遣赵明诚的两位忠诚部下，携带部分珍贵的文物前往洪州，寄托于赵明诚妹夫的照管之下。

然而，战乱的局势变化无常。除了直接袭击建康的金兵外，还有多支金兵同时南侵，其中一支更是直扑洪州。面对金人的逼近，隆祐太后和赵明诚的妹夫匆忙逃离，那些寄托的文物也在混乱中丢失。得知洪州失陷的消息后，李清照心中的悲凉无以言表，她明白那些珍贵的文物已经毁于战火。身边仅剩下少数轻便的卷轴书帖、诗文集和石刻副本等物品。

随着局势的急转直下，消息传来，长江已经被封锁，建康城不再安全。在深思熟虑后，李清照决定投奔自己的弟弟李远。在这个乱世中，她将弟弟视为最后的依靠。李远，时任宋高宗身边的删定官[2]，负责编纂整理皇帝的诏书与圣旨。他跟随宋高宗四处奔波，辗转于各个驻地之间。李清照也就沿着宋高宗的足迹，开始了她的追寻

之旅。

　　然而，逃亡之路并非坦途。金兀术率领的金兵如狼似虎，一路紧追不舍，企图生擒宋高宗。高宗皇帝为了躲避金兵的追捕，频繁变换行走的路线和停留的地点。从建康到镇江，再到越州、明州，最后甚至乘船渡海到台州、温州……而李清照，一个孤苦伶仃的妇人，带着沉重的文物，行走在茫茫人海中。她不仅要面对恶劣的自然环境，还要应对随时可能遭遇的金兵袭击。相较于高宗皇帝庞大的护卫队伍和精良的车马，她的行程更加艰难和缓慢。她时常在即将到达皇帝驻地时，又得知高宗已经转移至新的地点。

　　然而，李清照的执着并不仅仅是为了投靠弟弟。更让她痛心疾首的是关于赵明诚叛国通敌的流言。原来，那个名叫张飞卿的人，请赵明诚和李清照鉴定伪造的玉壶后，将那个假玉壶献给了金王朝。这件事在南宋朝野引起了轩然大波，流言蜚语四起，有人甚至将那把假玉壶说成是真品，说玉壶的主人是赵明诚，从而给赵明诚扣上了叛国通敌的罪名。

　　李清照听闻了那些诽谤赵明诚的谣言，心中如被重锤击中，震惊之余涌上一股难以名状的愤怒。但她明白，在这个乱世之中，争辩和辩解都是徒劳。但沉默并不能消除李清照内心的痛苦和不安。李清照毅然决定，追随高宗皇帝的足迹，将那些幸存下来的文物一一献给朝廷。尽管她对朝廷消极避战和苟且偷安怀着深深的忧虑和不满，但此刻，她更希望自己的忠诚和决心，能够驱散谣言的阴霾。

建炎三年（1129）十一月末，当她历尽艰辛抵达越州时，却得知宋高宗已前往四明（今浙江宁波附近），她不得不在一户人家里借宿。由于旅途劳顿，她那晚睡得异常深沉，未曾料到，第二天醒来，发现住屋墙壁被挖，床下的文物已不见踪影。两天后，一位邻居带着一些画轴出现在李清照面前，他声称能够归还那些失窃的文物，但前提是李清照需要支付一笔赎金。尽管李清照清楚地意识到这是一场有预谋的窃取后的敲诈，但她却束手无策。在无奈之中，她只能忍痛支付高昂的赎金，将这些字画赎回。至于其他文物的下落，她听闻后来被人以极低的价格随意转卖给了他人。她和赵明诚曾以生命为誓，守护那些文物，它们曾是艺术殿堂中的瑰宝。然而，在这乱世之中，它们却被无情地拖入了世俗的旋涡，成为人们贪婪欲望的牺牲品，沦为争名夺利的工具。这怎不令人心生无尽的悲凉？

至此，李清照手中的文物已所剩无几，而那些关于

"玉壶颁金"的流言蜚语也随着时间的推移而逐渐平息。
她终于意识到，自己历经千辛万苦，原计划进献文物以示
忠诚的想法，实际上已经失去了意义。只顾逃命的宋高宗
并不会在意这些文物的价值，而流言也只是无风起浪、随
风而散。更何况她手中仅剩的文物数量有限、价值不高，
自然也就没有进献的必要了。

在匆匆流转的岁月里，她几乎无暇感受伤痛，也未
曾有片刻的喘息。这两年的光阴，她仿佛被无形的绳索牵
引，日夜兼程，奔波在无尽的旅途上。就在这样的时刻，
她再次遇到了她钟爱的梅花。那梅花傲立枝头，洁白如
雪，在寒风中轻轻摇曳，仿佛是在向她诉说着什么。此刻
的她，心中却充满了无尽的沧桑和疲惫，再也无法像过去
那样，静静地欣赏这梅花的美丽，便写下了这首《清平
乐》：

年年雪里，常插梅花醉。挼尽梅花无好意，赢得满衣
清泪。

今年海角天涯，萧萧两鬓生华。看取晚来风势，故应
难看梅花。

年年雪里，常插梅花，赏花人心醉。曾几何时，搓尽花瓣难有好心情，只落得满衣清泪。

今年漂泊海角天涯，两鬓稀疏又添白发。看今晚风势如此大，实在难以再观赏梅花。

这首词，其字面之下深藏的是李清照内心世界的变迁。那位昔日与梅花结为知己的女子，在历经世事的沧桑与变迁后，对梅花的情感也发生了微妙的变化。并非她对梅花的喜爱有所减退，而是她的心灵在现实的压力下逐渐变得沉重，失去了往日那种清澈透明的赏花心境。赏花，原本是一件需要心灵宁静、思绪无扰的雅事。然而，对于此时的李清照来说，生活的纷扰与压力如同重石压心，使得她难以再像从前那样毫无杂念地欣赏梅花的美丽，去品味那份大自然的静谧与美好。

人生总是充满了起伏与转折，未来的命运是否还会如此波折呢？

病了，只想家的怀抱

为了躲避金兵的追击，宋高宗踏上了漫长的逃亡之路。然而，在绝望之中，建炎四年（1130）的黄天荡[3]之战，为大宋带来了一线生机。

那一战，南宋将领韩世忠率领的八千勇士，如同猛虎下山，与金兀术的十万大军展开了殊死搏斗。虽然敌众我寡，力量悬殊，但大宋将士们却毫不畏惧，他们奋勇杀敌，血染战袍。在激烈的战斗中，他们成功截击了金兵的进攻，让金兀术的金戈铁马在黄天荡前止步。只可惜，因有叛徒作祟，金兀术得以逃脱。

黄天荡之战的胜利，为宋高宗带来了片刻的安宁，他来到了越州这片土地。这一次，他不再是仓皇逃窜的君主，而是带着复兴的希望，他将越州更名为绍兴府，成为宋朝新的行都。并自建炎四年后，改年号为绍兴，寓意着对大宋未来的憧憬与期许。

然而，仅仅一年之后，绍兴二年（1132），宋高宗再次做出了决策。他驻驾杭州，将此地作为新的行都，并称之为"临安府"。这个地名本身就透露出了"临时安定"的意味。人们纷纷猜测：宋高宗是否仍在心中怀揣着收复故土、重返东京汴梁的愿望？他的内心是否仍在渴望有朝一日能够挥师北上，驱逐金兵，重建大宋的辉煌？这个问题或许只有宋高宗自己才能给出答案。

同年，李清照也抵达了临安，投靠她的弟弟李远。自从赵明诚离世后她便孤身一人在病痛中苦苦支撑，但她坚持在颠沛流离中前行，未曾倒下。如今，她终于抵达临安，也终于得以暂歇疲惫的身心。然而，长久的劳累和疾病，让她的身体不堪重负而病倒在了床榻之上。

此时正是春意渐浓时，临安的街头巷尾，充满了生机与活力。梁间燕子细语绵绵，仿佛在诉说着春天的秘密；微风轻拂，带来了蔷薇花的芬芳，那香气弥漫在空气中，令人心醉。这本是一幅生机勃勃、鸟语花香的美景，然而对于李清照而言，这一切却显得如此遥远。她的耳边，燕语不再动听，而是如此嘈杂的噪声，扰乱了她的心绪；花香不再沁人心脾，却勾起了她对故乡的深深思念。心中涌动着万千思绪，触景生情，她的一首《春残》从心中涌出：

春残何事苦思乡，病里梳头恨发长。

梁燕语多终日在，蔷薇风细一帘香。

　　春天快要过去了，为什么还是会怀念家乡？病中梳头，不快就像头发一样长。房梁上的燕子每天都在呢喃。柔风一吹，满屋都是蔷薇花的香气。

　　春天本是万物复苏、生机勃勃的季节，但在这里，它却成了李清照思乡之情的催化剂。这里的"春残"不仅指自然界的春天即将过去，也隐喻着她人生的春天已经逝去。故乡，那个曾经让她欢笑、让她甜蜜、让她拥有家国圆满的地方，如今只能在回忆中寻觅。这里的"恨"并非真的恨意，而是一种无奈和悲凉。她恨的是岁月的无情，恨的是自己的无能为力，无法留住那逝去的青春和家园。

　　"梁燕语多终日在，蔷薇风细一帘香"，表面上描绘了一幅美丽而宁静的暮春景象。然而，结合诗的前两句，我们可以发现这实际上是以乐景衬哀情的手法，用美好的景象反衬出内心的孤寂和凄凉。随着春天的悄然离去，李清照心中的繁花似锦也渐成过往。她的人生之春早已不在，复国的梦想也如同那远逝的春风，变得遥不可及。如今，她只能在这临安之地，暂寄身躯，而她的心灵，又该何处寻觅归宿呢？

错托终身泪两行

随着夏日的酷热，李清照的病情愈发严重，整日陷入昏迷之中，徘徊在生死之间。弟弟李远此时成了她唯一的依靠。由于公务繁忙，李远无法时刻陪伴在姐姐身边，但他为她安排了一处静谧的小院，让她能在宁静中休养。每当有空闲，他都会前来探望，为她寻医问药，悉心照料。然而，尽管他能照顾姐姐的生活起居，但对于她内心深处的孤独和伤痛，他却感到束手无策。

李远看着日渐憔悴的姐姐，心中充满了忧虑。他渴望能有一个真心爱她、懂她的人出现，给予她新的希望和幸福。弟弟的温暖和关怀虽然为李清照带来了些许慰藉，但她的心中依然充满了不安和自责。她担忧自己的未来，若疾病得以缓解，她又将如何独自面对生活的种种挑战，难道要永远依赖弟弟的庇护吗？

正当此时，一个名叫张汝舟的男子走进了李远的视野。他自称与赵明诚乃太学同窗，对李清照敬慕已久。听

闻她病重，便前来探望。李远对张汝舟的名字略有耳闻，
知道他在朝中颇有声望，言辞犀利，敢于直言。因此，他
决定让张汝舟见一见姐姐。

　　自此以后，张汝舟便频频出现在李清照的生活中。
他言辞如诗，赞美之词如春风拂面，很快便赢得了李远和
李清照的青睐。随着时间的推移，张汝舟的殷勤体贴表现
得更加明显。李远看得出，张汝舟的意图是想要迎娶李清
照。在适当的时机，李远曾向姐姐透露过张汝舟的心意。
然而，此时李清照正被重病折磨得精神萎靡，对于婚姻之
事显得心不在焉，并未给出明确的答复。

　　一日，张汝舟正式前来提亲，此事让李远深感必须严
肃地与李清照探讨这桩婚事的可能性。李远觉得，对于姐
姐李清照的后半生而言，张汝舟似乎是一个合理的选择。
尽管他担任的右承奉郎官职不高，但稳定的薪俸和细致周
到的性格，无疑能给予李清照一个相对稳定的生活。尽
管弟弟对此持支持态度，李清照却陷入了深深的矛盾与挣
扎中。自赵明诚去世，已经过去了两年半的时光。李清照
虽已尽量将悲痛深藏心底，但那份对赵明诚的感情却始终
难以忘怀。然而，现实是残酷的，她需要继续生活，需要
有人与她共同守护那些珍贵的文物。在这几年的漂泊无依

中，她渴望拥有一个属于自己的家，不再需要依赖他人。每当看到弟弟一家幸福的生活和尽心对自己的照顾，她感到既羡慕又心痛。对于张汝舟，尽管相识时间不长，但她发现他对金石收藏也有一定的兴趣，这让她心中产生了一丝希望：或许他能够理解和尊重她的爱好，善待她的文物。在经历了一番内心挣扎后，李清照最终决定接受这门亲事。她希望这次婚姻能给她带来一个新的开始，让她有机会再次感受到幸福和温暖。

回首过往，李清照感叹岁月如梭。当年的她，十八岁便披上嫁衣，心中满是对未来的憧憬和期待。而如今已是身心疲惫，面对未来的不确定，她心中充满了迷惘和不安。

婚后的日子起初是平静而温馨的。张汝舟的温柔与体贴，让她的病痛渐消。然而，随着时间的推移，她逐渐察觉到了张汝舟的变化。他的话语中，频繁提及她的文物收藏，那份热情逐渐变质，让她心生疑虑。当得知李清照手中文物数量有限且价值不高时，他的热情明显减退。他甚至以夫妻共有财产为由，试图占有和支配那些文物。随着时间的推移，李清照逐渐从张汝舟的言行举止中察觉到了他的真实意图。张汝舟娶她并非出于真心，而是看中了她手中的文物。他误以为李清照拥有大量珍贵文物，并希望

她在婚后能够顺从地将它们交出。当他的美梦破灭后，他变得愤怒而暴躁，对李清照施加暴力。

面对这样的真相，李清照心如刀绞。她曾以为，自己找到了一个可以共度余生的伴侣，却不料跌入了更深的深渊。她向弟弟李远求助，希望他能揭开张汝舟的真实面目。经过调查，李远惊愕地发现，他们之前所了解的张汝舟，竟是一场误会，同名同姓的巧合让他们错将这个张汝舟当作了良人。李远深感自责，懊悔自己将姐姐推向了火坑。

面对这样的现实，李清照也深感后悔。她后悔当初的决定过于匆忙和轻率，没有深入了解张汝舟的丑恶嘴脸。然而事已至此，她只能勇敢面对现实。她陷入了艰难的抉择：是继续忍受这非人的折磨和痛苦，维持这名存实亡的婚姻；还是勇敢地挣脱束缚，寻找属于自己的幸福和自由？

李清照本非凡俗女子，她拥有梅花般坚韧不屈的精神。她深知，若继续在这风雨飘摇中沉沦，她的尊严将被无情吞噬，同时也会失去追寻自由与幸福的可能。因此，她决定坚定地抬起头颅，与命运进行一场勇敢的较量。她要用自己的智慧，打破桎梏，寻找属于自己的广阔天地。

打破枷锁，选择自己的天空！

在宋朝，婚姻被视为家族和社会的重要事务，受到严格的法律和习俗的规范。尽管离婚（或称"和离"）在宋朝是被允许的，但并非易事。夫妻双方可以通过共同意愿协商达成离婚协议，即协议离婚，但这种情况通常出现在双方关系已彻底破裂且均能接受离婚后果的情况下。另外，如果妻子违反了"七出"规定（如无子、淫泆、不事舅姑、口舌、盗窃、妒忌、恶疾），丈夫有权单方面提出离婚（出妻）。相反，妻子却没有主动结束婚姻的权利，除非得到丈夫的同意或丈夫有重大过错。

此时的李清照已下决心离婚。她深知，在这个注重名节和道德的时代，短时间内再度经历婚姻的变故，必然会引起世人无情的非议和恶意的揣测。然而，与这些流言蜚语相比，更为棘手的是如何在宋朝复杂的法律框架内找到一条合法的离婚之路。她的丈夫张汝舟，一个彻头彻尾的卑鄙小人，在没有得到他觊觎的文物之前是不会主动放弃

这段婚姻的，反而可能会利用她的弱点，对她进行更加肆无忌惮的欺压和迫害。

在李清照深陷绝望之际，她意外地在一卷大宋律法中发现了一线生机。这条律法或许能成为她摆脱当前困苦境地的关键。根据律法的规定，若丈夫因犯下重罪而被流放至遥远的边疆，妻子有权提出离婚。这让她看到了一丝希望之光。李清照知道，张汝舟曾通过虚报科举考试次数来获得官职，这无疑是欺君之罪，且有确凿的证据。

然而，追求自由并非没有代价。根据唐代的《唐律》，妻子告发丈夫的行为被视为"十恶"之一的"不睦"，并会受到严厉的惩罚。宋代的《宋刑统》也继承了这一规定，也就是说，即使她的告发属实，李清照也将面临两年的监禁。在深思熟虑之后，李清照决心以这两年的监禁为代价，换取余生的自由与尊严。她毅然提起一纸诉状，将张汝舟的罪行呈报给朝廷。李清照的名声远扬，此事迅速成为朝野热议的焦点，甚至惊动了宋高宗。皇帝下诏，命廷尉[4]对此案进行彻底调查。

在公堂上，虽被沉重的手铐和脚镣束缚，但她的眼神坚定而清澈。天理昭昭，张汝舟的罪行被一一证实，他因欺君罔上、骗官骗婚的恶行被朝廷严惩，削去官职，并被放逐至偏远的广西柳州。

尽管李清照因此身陷囹圄，但她却毫无怨言，坦然接受了自己的命运。她的亲友们得知消息后，纷纷为她奔走相告，他们同情她的遭遇，更担忧她的身体。在众人的不懈努力下，她最终只在牢中待了九日便被释放。

李清照曾怀抱着对生活的憧憬，试图找到那个能与她心灵相通的伴侣。然而，命运却并未如她所愿，她与张汝舟的婚姻未带给她所期待的幸福与安宁。虽然懊悔和自责，但她并未因此而屈服于命运的安排。她勇敢地追求自己的幸福，即便这需要她面对世俗的偏见与指责。因此，当发现这段婚姻并非她所期望的那样时，李清照没有选择委曲求全，而是毅然决然地选择了离婚。她宁愿承受痛苦和困境，也不愿失去尊严。更为难得的是，李清照对于文物的保护展现出了她的大情怀和大境界。她深知这些文物的重要性，不惜一切代价来保护它们。即便是面对张汝舟的威胁和暴力，她也从未退缩，始终坚守着自己的信念。这种对文化的热爱和敬畏，让人肃然起敬。

她如同一朵盛开的花朵，在历史的舞台上绽放出独特的光彩。她的才情横溢，诗词作品流传千古，成为后世文人墨客争相模仿的典范。她的胸怀广阔，有着对自由与尊

严的不懈追求，即使身处困境，也从未放弃过对美好生活的向往。李清照的一生，就像她笔下的梅花一样，虽然经历了风霜的洗礼，但依然保持着那份独特的芬芳和美丽。

注释：

[1] 金兀术：即完颜宗弼，金大将。太祖第四子，曾参与灭辽，后从完颜宗望、完颜宗翰等攻宋。天会七年（1129）任统帅，渡长江，追宋高宗入海。次年为韩世忠阻击于黄天荡，相持四十八日，才得渡江退去。

[2] 删定官：古代官职，主要负责修改和审定律令。

[3] 黄天荡：位于今江苏南京东北的栖霞区栖霞山和龙潭之间的冲积平原上，古时江面辽阔，为南北险渡。

[4] 廷尉：中国古代司法审判机构官职名，主要负责审理刑事案件和监督司法。

第七章　晚景凄凉

（1132—1155）

　　在生命的余晖里，她放下了世间的纷繁琐事，选择了在静谧的小院中独自栖息，生活对她而言，已变得淡泊而从容。然而，她的心中仍旧萦绕着对那片辽阔北国的深深怀念，那片曾经给予她无尽温暖与珍贵回忆的故土。只是岁月如流水般无情地逝去，她的生命也在无声的泪水与哀愁中悄然落幕，留下的是无尽的思念。

想通了心境自然开阔

　　绍兴二年（1132）的深秋，李清照从这场复杂纷扰的婚姻中解脱出来，重获了心灵的自由。这一年，从热烈的夏日过渡到金黄的秋天，季节的更迭也映照出她内心的巨大转变。尽管身体依然虚弱，疾病缠身，但李清照的心境已不复往日的忧愁与苦闷。她不再急于追求病愈，而是学会了平静地接受现实，以一种淡泊、从容的态度面对生活。

　　又是一夜宁静如水，月光如丝如缕，她悠然地躺在那里，目光追随着天边那轮残月，只见它缓缓地将银色的光辉倾洒在窗棂上。她的内心被这份宁静与美好深深触动，于是，一首细腻而清新的词《摊破浣溪沙》在心中酝酿，悄然成形：

　　病起萧萧两鬓华，卧看残月上窗纱。豆蔻连梢煎熟水，莫分茶。

枕上诗书闲处好，门前风景雨来佳。终日向人多蕴藉，木犀花。

两鬓已经稀疏，病后又添了白发，卧在床榻上看着残月照在窗纱上。将豆蔻煎成沸腾的汤水，不用强打精神分茶而食。

靠在枕上读书是多么闲适，门前的景色在雨中更佳。整日陪伴着我，只有那深沉含蓄的木樨花。

在岁月静好的临安城中，李清照度过了数年的独居生活。然而，绍兴三年（1133）的五月，一则消息如投入湖中的石子，激起了她内心的涟漪。

那时，宋金两国虽战火未熄，但两国的使臣依然有来有往。为了表达对远在金国被俘的宋徽宗和宋钦宗的关切，以及探听两国未来的和战虚实，宋高宗决定派遣韩肖胄和胡松年出使金国。对于李清照而言，韩肖胄的名字并不陌生。他是北宋名相韩琦的曾孙，而李清照的祖父和父亲都曾受到韩琦的举荐。这份渊源让李清照对韩肖胄充满了敬意。当听说他自告奋勇出使金国，并告知宋高宗不必因他们安危而手软时，李清照心中的敬佩之情更为浓烈。她深知，此次出使金国对于韩肖胄来说，是一次充满危险和未知的挑战。然而，他依然选择了勇往直前，这份勇气和决心不能不让李清照敬佩。她决定以诗为媒，为韩肖胄和胡松年送行，表达自己对他们的深深祝福和敬意。

在李清照的两首《上韩公枢密》中，我们可以深切地感受到她那份对国家命运、对故土安危的深深关切与忧虑。第一首诗中，李清照用"胡公清德"表达了对韩肖胄的赞美，这不仅是对韩肖胄和胡松年出使金国的支持和祝福，更是对南宋朝廷中那些具有高尚品德和坚定信念的官员的敬意。"凝旒望南云，垂衣思北狩"，这里"凝旒"指的是天子帽上的垂饰，因凝神而静止不动，暗喻天子对南方故土的深切关注。"南云"通常代表南方的景色或气息，这里则指被金人占领的故土。而"北狩"指的是北宋皇帝被金人俘虏后，在北方进行的狩猎活动，实际上是指被迫的流亡生活。通过"南云"和"北狩"的对比，表达了对故土的深深眷恋和对皇帝被俘的悲痛。从诗的开头，五言的细腻与平和，如同清晨的微风，悄然唤醒读者的感官。而随着诗句的流转，七言的磅礴与力量渐渐占据主导，李清照的情感如同火山般积蓄，最终在诗句的推动下喷薄而出。最后，高潮部分以"欲将血泪寄山河，去洒东山一抔土"来表达自己对故土的深深眷恋和对国家的无限忠诚。这种情感的力量，如同狂风骤雨般席卷而来，让人无法忽视，也让人深感震撼。

而在第二首诗中，李清照则更加直接地表达了她对和平的渴望和对国家统一的期望。她想象着南宋使臣出使金国时受到百姓热烈迎送的情景，通过"想见皇华过二京，壶浆夹道万人迎"的诗句，将那种和谐美好的场景描绘得栩栩如生。同时，她又以"但说帝心怜赤子，须知天意念苍生"的诗句，表达了她对国家政治清明、人民安居乐业的期望。最后，她以"圣君大信明如日，长乱何须在屡盟"的诗句作为结尾，直接呼吁国家应该通过信义来维护和平，避免无谓的战争和纷争。

在这两首诗中，我们可以看到她已经从个人的情感纠葛中挣脱出来，她的视野已经超越了个人的得失悲欢，转而投向了更广阔的天地。她心怀天下，心系家国，将个人的情感与国家的命运紧密相连。在她的笔下，个人的痛苦和挫折显得如此渺小，而国家的兴衰、民族的命运则成为她最为关切的主题。她以她的才华和智慧，为后人留下了宝贵的精神财富，展现了一位女性词人广阔的胸怀和远大的眼光。

棋盘小世界，家国大梦想

　　最终，韩肖胄与胡松年的出使并未能扭转宋金的战局。李清照意识到，个人的豪情壮志在历史的洪流中终究是显得微不足道的。于是，她开始思考如何将精力投入到更有意义的事情上。她的目光转向了赵明诚遗留下来的《金石录》，这部作品记录了他们夫妇多年的心血结晶。虽然赵明诚生前已基本完成了这部著作，但仍有许多细节需要整理和校对。李清照决定将接下来的时间都投入到这项学术工作中，并且经过不懈的努力，于绍兴四年（1134）八月，终于完成了《金石录》的整理工作。

　　然而，就在同年十月，淮河沿线战火重燃，金兵的进犯打破了江浙一带的宁静。朝廷官员们惊慌失措，黎民百姓更是人心惶惶，纷纷踏上逃难的路途。李清照也在这场战乱中离开了繁华的临安，经过一路的颠簸抵达金华，在一位陈姓人家中找到了暂时的安身之所。随着时间的推移，被战乱搅动的不安心情也逐渐平静。《金石录》的整理工作已经完成，后序也已撰写完毕，她暂时没有再投入到学术研究中。那么，该如何打发每日的空闲时间呢？此时，李清照突然想起了她曾喜爱的博戏[1]。

李清照最爱的一种博戏叫作"打马棋"，这是一种博输赢的棋类游戏。玩家通过操控名为"马"的棋子，在特定的棋盘上进行布阵、设局、进攻和防守，最终根据双方的战绩来判定胜负。据学者考证，打马棋的玩法与现代飞行棋有一定的相似之处，但远比飞行棋复杂。它融合了更多的元素和策略，使得游戏更具挑战性和趣味性。

在李清照看来，闲暇之余沉浸于打马游戏之中，远比无所事事、虚度光阴要来得有意义。打马游戏不仅为她提供了娱乐的方式，更让她在其中窥见了人生的诸多哲理。但李清照对当时流传的打马游戏并不完全满意，她认为其花样单调、玩法简单，难以满足她对智慧与策略的追求。于是，她独辟蹊径，创新出了一种名为"命辞打马"的新式玩法。为了详细阐释这一创新游戏的规则与魅力，她亲自撰写了《〈打马图经〉序》《打马图经例论》和《打马赋》三篇著作。这三篇著作图文并茂，既有详尽的图例展示，又有深入浅出的文字解说。它们不仅包含了专业性的理论著述，展现了打马游戏的精妙之处，还融入了文艺性

的序赋辞采，使得整体内容既严谨又生动。

在历史的尘埃中，《打马图经》的大部分内容已随风飘散，唯留《打马图经例论》等珍贵片段，被后世传诵。例论共分十三论，这十三论不仅是对打马游戏规则和经验的详细阐述，还在字里行间透露出李清照对于抗金雪耻、收复失地的深切渴望。李清照为《打马图经》所作的序言，开篇便以高瞻远瞩的笔触，道出了学习之道：仅有天赋的智慧是不够的，还需后天的专注与努力，方能达到技艺的巅峰。她以此类比，不仅是对打马游戏的见解，更是对人生学习的深刻反思。随后，她娓娓道来自己对博戏的热爱，以及创新打马游戏并撰写相关文章的初衷。她对博戏的种类、现状进行了细致的分析，对打马游戏的演变和"命辞打马"的创制方法进行了详尽的阐述。整篇序言既展现了李清照深厚的文学功底，又透露出她对于博戏文化的独到见解。

而《打马赋》更是李清照情感的迸发之作。她以打马游戏为引子，抒发了自己对于国家命运的忧虑和对收复疆土的渴望。她赞美历史上的英雄人物，同时也不忘对当时朝廷的软弱无能进行委婉的批评。在赋文的末尾，她更是直接表达了自己的愿望：希望有更多的人能够挺身而出，共同为国家的复兴而努力。

在这三篇著作中，我们看到的是她内心深处对于家国情怀的深沉寄托。她并非真的在追求打马游戏的简单乐趣，而是在种种现实限制——年龄、性别、身份的桎梏下，将那份无法直接投身国家大业、实现报国壮志的无奈，化为了棋盘上的驰骋。在棋盘上，她尽情地挥洒着自己的智慧和勇气，策马扬鞭、纵横厮杀。唯有如此，才能安慰她那颗为国家命运而焦虑不安的心。

打马游戏为她带来了日常的欢乐与放松，成了她消磨时光的乐趣。而在这份消遣之外，她也同众多文人雅士一样，怀揣着对历史的敬仰和对美景的向往，踏足金华的著名古迹——八咏楼。

这座楼宇，原名玄畅楼，是南朝时期著名史学家、文学家沈约所建。沈约对这座楼情有独钟，曾多次登临其上，并为它留下了八首充满深意的诗篇，后人称之为“八咏诗”。自唐代起，玄畅楼便更名为八咏楼，成为文人墨客争相探访的胜地。

当李清照踏上八咏楼的那一刻，她的目光被眼前的景色深深吸引。远处，群山连绵，山峦叠翠，如同黛色的画卷在天地间铺展开来。近处，绿意盎然，生机勃勃，仿佛

是大自然最慷慨的馈赠。婺江与双溪，在楼前交织流淌，带来无尽的宁静与和谐。站在这高处，她心中的情感如泉水般流淌而出，写下了这首《题八咏楼》：

千古风流八咏楼，江山留与后人愁。

水通南国三千里，气压江城十四州。

登上八咏楼远望逸情，放下对国事的忧愁，把它留给后人。这里水道密集可以深入江南方圆三千多里，战略地位足以影响江南十四州的存亡。

诗的首句"千古风流八咏楼"，如同一个宏大的序幕，展现了八咏楼历经六百多年依旧风姿绰约的风采。它不仅仅是一座建筑，更是历史与文化的交汇点，见证了无数文人墨客的赞叹与留恋。然而，紧接着的"江山留与后人愁"，却像是给这美丽画卷增添了一抹忧伤的色彩。这江山虽美，却承载着太多的忧愁与沉重。这愁，既是对历史的追忆，也是对未来命运的忧虑。当李清照站在八咏楼上，眺望远方的山河，心中不禁涌起的是对故国的深深忧虑。她深知，这美丽的景色、这美好的江山，或许会在不久的将来落入异族之手。接下来的"水通南国三千里，气压江城十四州”，更是将情感推向了高潮。这两句诗不仅描绘了八咏楼所处的地理位置和气势，还借用了贯休与薛涛的诗句，巧妙地表达了诗人对南宋朝廷的批评与担忧。这“水通南国三千里”，既展现了八咏楼的地理位置的重要性，也暗示了南宋朝廷在国土沦丧面前的无奈与无力。而“气压江城十四州”，则更是直接表达了李清照对南宋朝廷的讥讽——他们只顾着逃命和偏安一隅，却置这锦绣河山于不顾。

金华的山河大地见证了她的忧愁与期望，它们会懂得这位女子的家国情怀。此时的李清照，她的愁苦已不仅仅局限于个人身世，而是跳脱出来，深深地忧虑着整个国家的命运与未来。她的诗词，不仅是她个人的心声，还是对那个时代、那个国家的深沉思考与呼唤。

小船悠悠，愁绪难载

　　宋朝，一个对自身历史和评价都极为重视的朝代。自宋真宗起，每位皇帝登基时，都会为前代皇帝编纂实录，以记载其治国理政的功绩与得失。实录是记载皇帝言行、政令、国家大事的官方史书。宋朝的实录编纂工作非常严谨，通常由史官在皇帝去世后立即开始，详细记录其在位期间的政治、经济、文化、军事等各个方面的情况。

　　大观三年（1109），蔡京因朝廷的舆论压力而辞官，转而肩负起编纂《哲宗实录》的重任。赵挺之与蔡京为同一党派，也参与了此次任务。《哲宗实录》完成后，赵挺之留下了一份手抄本，珍藏在家中。赵挺之过世后，这份珍贵的手抄本便由李清照与赵明诚共同守护。即便在战乱频繁的年代里，《哲宗实录》与另一部重要著作《金石录》也始终被李清照视为生命般的宝贵。

　　南渡后的宋朝，朝中重臣多为元祐旧党成员，他们将北宋的灭亡归咎于王安石的新法，导致朝廷风气为之一变，新党遭到打压，旧党得到支持。蔡京和赵挺之因属于新党，他们编纂的《哲宗实录》中包含了许多赞美王安石和新法的内容，因此，此书在当时被视为禁书。李清照在临安时，就曾经有人向宋高宗举报，称赵明诚家中藏有《哲宗实录》的手抄本。

在绍兴五年（1135），宋高宗下令收缴了李清照所珍藏的《哲宗实录》。李清照的内心被这突如其来的变故深深触动，她陷入了对过去的回忆中，那些因党争而起的苦难岁月一幕幕浮现在眼前。她的父亲李格非因党争被贬，公公赵挺之在政治斗争中抑郁而终，她与丈夫赵明诚的分离，以及随之而来的流离失所，都是她心中难以磨灭的痛。她更痛心的是，在国家面临生死存亡的危急时刻，朝廷却仍沉迷于党争的旧怨之中，无法团结一致抵御外敌。这种短视和狭隘让她感到深深的悲哀。

在这年的暮春时节，春风已经停歇，空气中却弥漫着淡淡的花香，仿佛是那些凋零的花瓣在夕阳的余晖中留下了最后的温柔。李清照的心中却如同这纷纷扬扬的花瓣，思绪万千，难以平静。她站在岁月的长河之畔，回想起那些久远的往昔。每当这样的时刻，她总会感到一种深深的悲伤。一首《武陵春·春晚》挥笔而成。

风住尘香花已尽，日晚倦梳头。物是人非事事休，欲
语泪先流。

闻说双溪春尚好，也拟泛轻舟。只恐双溪舴艋舟，载
不动，许多愁。

恼人的风雨停歇了，枝头的花朵落尽了，只有沾花的
尘土犹自散发出微微的香气。抬头看看，日已高，却仍无
心梳洗打扮。春去夏来，花开花谢，亘古如斯，唯有伤心
的人、痛心的事，令我愁肠百结，一想到这些，还没有开
口我就泪如雨下。

听人说双溪的春色还不错，那我就去那里划划船，姑
且散散心吧。唉，我真担心啊，双溪那叶单薄的小船，怕
是载不动我内心沉重的忧愁啊！

我们无从得知李清照是否真正踏足过双溪，乘坐过那
舴艋舟。然而，她笔下的双溪与舴艋舟，却成了她情感与
思绪的载体，承载了她深深的愁绪与无尽的感慨。曾几何
时，那个青春年少、无忧无虑的少女，在藕花深处的小船
上，享受着生活的美好与自由。那时的她，未经世事，心
中充满了对未来的憧憬与期待。然而，时光荏苒，岁月如
梭，如今的她已不再是那个无忧无虑的少女，而是一位年

济南李清照醲醲春去图照

声声慢·寻寻觅觅

寻寻觅觅，冷冷清清，凄凄惨惨戚戚。乍暖还寒时候，最难将息。三杯两盏淡酒，怎敌他、晚来风急！雁过也，正伤心，却是旧时相识。

满地黄花堆积，憔悴损，如今有谁堪摘？守着窗儿，独自怎生得黑！梧桐更兼细雨，到黄昏、点点滴滴。这次第，怎一个愁字了得！

过半百、饱经风霜的妇人。她目睹了国家的兴衰，经历了家破人亡的痛苦，感受着流离失所的苦难。她的愁绪如同溪水一般，深重且绵长，仿佛连那舴艋舟也无法承载。这愁绪，不仅仅是对个人命运的无奈与感慨，更是对国家、对民族的深深忧虑与关切。

绍兴五年（1135），李清照随宋高宗回到了临安，这是她人生中一个具有深远影响的转折点。自那一刻起，临安成为她生命中最长久的居住地，直至生命的终结。尽管她在这片土地上度过了二十年的岁月，但她的诗词作品中却鲜有提及临安的景致与风情，即便那广为人知的西湖美景，也未曾成为她笔下的主角。她的心中，始终被那份对故国的思念与哀愁所占据，使得她无法真正融入这片土地，享受其中的美好。她始终难忘靖康之耻，心中怀揣着光复故国的梦想。尽管临安的美景如画，但在李清照的心中，它始终无法与她心中的故土相提并论。每当她看到那些美丽的风景，心中便会涌起无尽的思念与哀愁。

临安城中，喧嚣与繁华掩盖了深藏的哀愁与无奈。如今的她已是风烛残年，寂寥落寞。她目睹着国家的沉沦，眼看着万里河山一寸寸沦陷，内心的凄凉与悲痛无法用言语描述。

绍兴八年（1138），宋高宗正式以临安为行在所，那一刻，她或许还抱有一丝复国的希望。然而，随着岁月的流逝，这希望逐渐变得渺茫。绍兴九年（1139），秦桧与金议和，岳飞力主抗金，却被高宗驳回。那时，她已能感受到朝廷的软弱与无能。绍兴十年（1140），金兵再度南侵，岳飞在郾城大败金兵，进兵至离东京汴梁仅几十里远的朱仙镇。那一刻，收复中原似乎指日可待，李清照的心中或许也燃起过希望之火。然而，高宗的一纸班师回朝的诏令，让岳飞怒发冲冠，扼腕长叹。而她，也再次被深深的失望和悲凉所笼罩。绍兴十一年（1141），当南宋朝廷再次向金国低头求和，并传来金人要求先杀岳飞才肯议和的消息时，李清照的心仿佛被撕裂。她难以置信，那位为国家披肝沥胆、忠诚无二的岳飞将军，竟会遭受如此不公。

岁月如河，悄悄带走了李清照的青春与光辉，将她推向了孤寂与悲苦的深渊。然而，即便在这无尽的沉寂中，她对世界的热爱依旧如炽热的火焰，无法被掩藏。她隐匿在无人知晓的角落，仿佛成了一个安静的旁观者，默默注视着这个世界的变迁。她的心中充满了对天下的关怀与忧虑，但现实的无情却让她感到无力回天。曾经的骄傲与昂扬已逐渐消散，取而代之的是岁月的残酷与现实的无奈。

找个知音真的不容易

回望过去，那些曾经活过的瞬间和情感体验，如同一幅幅画卷在李清照心中缓缓展开。花甲之年，她站在了生命的边缘，开始回望与思索自己的身后之事。

此刻，她也明白人生如白驹过隙，所有的努力、收获和感知终将随着生命的消逝而消散。这种生命的虚无感让她不禁陷入沉思。

她渴望能够找到一个年轻的生命，将自己的故事与感悟倾诉于对方。她想要分享关于成长的智慧、关于爱与痛的体会、关于诗书的热爱、关于金石的探索、关于分茶的雅致、关于打马的豪情，以及关于女子如何在命运中保持精神与风骨、气节与尊严的坚持。即便自己的生命消逝，她的故事与精神也将以另一种方式继续存在，证明她曾经来过这个世界，活出了自己的精彩。

在广袤无垠的人潮里，寻找一个理念契合的知己，总是显得如此艰难。终于，一位特别的女孩引起了李清照的注意。那是孙家新搬来的小女孩，年龄十来岁，那双灵动的眼眸里闪烁着聪慧和机敏。李清照对她一见如故，心生喜爱，便萌生了收她为徒，传授诗词才学的念头。然而，面对这位名满天下的女词人的邀请，那位少女却出乎意料地拒绝了。女孩的回答简单而坚定："才藻非女子事也。"这句话如同一块巨石，砸在了李清照的心头。她感受到了封建礼教对女性的束缚，以及男尊女卑思想在女性心中的根深蒂固。

在那个时代，大多数女性都默默承受着命运的安排，她们听从父母的安排，学习女红，嫁人后成为贤良淑德的妻子和母亲，一生都在为他人而活。虽然也有少数女性，她们受到良好的教育，追求独立的人格和自由的意志，但是，她们追求梦想的道路上却充满了坎坷与艰辛，如同在荆棘丛中艰难前行，如和她同一时代的朱淑真[2]。朱淑真自幼聪明好学，才华横溢，尤其擅长诗词。她的作品情感真挚，语言优美，多描写个人情感和自然景物，其词风清新脱俗，情感细腻，被誉为"词中之花"。然而，朱淑真的一生并不顺遂，她的婚姻并不幸福。丈夫对她的才华不仅不欣赏，反而加以限制和打压。在封建礼教的束缚下，朱淑真无法追求自己的爱情和自由，她的生活充满了痛苦和挣扎。

　　面对女孩的拒绝，李清照的心中既失望又心酸。她深知知音难觅，更感叹自己可能后继无人。但她依然坚守着自己的信念和追求，独自在安静的小院里过着清贫而宁静的生活。她的生活虽简朴，但她的内心却充满了对诗词的热爱和对生活的执着。她宁愿过着布衣素食的日子，也不愿违背自己的内心攀附权贵。她鄙视那些为了权力和财富而背叛国家和民族的人，如她的表妹所嫁的秦桧。对于钱财名利，她视如粪土，而对于故交旧人以及最爱的书法墨迹，她却如同生命一般珍视。

　　在生命的最后岁月，李清照将纷繁的生活琐事一一放下，只保留那些她内心最为珍视的。一日，她听闻昔日书法大家米芾的儿子米友仁也在临安。于是，李清照从书架上小心翼翼地取出了赵明诚生前珍藏的米芾真迹《寿时宰词帖》和《灵峰行记帖》，怀揣着这两幅作品，踏上了前往米友仁居所的路。当两位老人重逢，岁月的痕迹已悄然爬上他们的脸庞，青春的面庞早已被岁月的风霜所替代。他们坐在一起，细细欣赏着这两幅真迹，谈论着当年的点点滴滴。那些陈年旧事仿佛又浮现在眼前，让他们陷入了深深的回忆之中。而当现实再次袭来，他们也不得不感叹岁月的无情和人生的短暂。

又是一天夜里，雨声淅淅沥沥地响起。雨点打在芭蕉叶上，发出清脆的声响，如同一个个音符在夜空中跳跃。李清照躺在床上，辗转反侧，难以入眠。她听着雨打芭蕉的声音，心中更加愁苦。为何会更加愁苦呢？她是北方人，那广袤的北方大地，凛冽的北风，才是她生活的主旋律。而命运将她带到了这陌生的南方，这异乡的雨声，让她感到前所未有的孤独和愁苦。她不习惯这南方的雨声，不习惯这雨打芭蕉的旋律。这声音让她想起了远方的故土，想起了那些已经远去的故土和亲人。如今，她孤身一人，漂泊异乡，心中充满了无尽的孤独和思念。那声音仍在耳边响起，辗转难眠的她写下了这首《添字丑奴儿》：

窗前谁种芭蕉树，阴满中庭。阴满中庭。叶叶心心，舒卷有余清。

伤心枕上三更雨，点滴霖霪。点滴霖霪。愁损北人，不惯起来听。

不知是谁在窗前种下的芭蕉树，一片浓荫，遮盖了整个院落。叶片和不断伸展的叶心相互依恋，一张张，一面面，遮蔽了庭院。

满怀愁情，无法入睡，偏偏又在三更时分下起了雨，点点滴滴，响个不停。雨声淅沥，不停敲打着我的心扉。我听不惯，于是披衣起床。

她怀念那片辽阔的北国，怀念那里的大漠孤烟、长河落日，更怀念那里曾给予她无尽温暖和回忆的故土。她的目光穿越千山万水，仿佛能够看见那片熟悉的土地，看见那里的人们忙碌的身影，听见他们熟悉的乡音。而现在这一切都已成为遥不可及的奢望。她深知，自己再也无法回到那片故土，再也无法成为那个无忧无虑的北人。

归去藕花深处

寻寻觅觅，冷冷清清，凄凄惨惨戚戚。乍暖还寒时候，最难将息。三杯两盏淡酒，怎敌他、晚来风急！雁过也，正伤心，却是旧时相识。

满地黄花堆积，憔悴损，如今有谁堪摘？守着窗儿，独自怎生得黑！梧桐更兼细雨，到黄昏、点点滴滴。这次第，怎一个愁字了得！

寻寻觅觅，冷冷清清，凄凄惨惨戚戚，忽暖忽寒季节，最难调养安息。三两杯淡酒，怎抵得住晚上的风急！正伤心的时候，大雁过去了，它却是我旧日的相识。菊花谢落，满地堆积。憔悴枯黄，如今有谁还会来摘？守着窗户，一个人我怎么能挨到天黑！更加上梧桐接着细雨声，到黄昏还滴滴答答不停息。这光景，怎么能用一个愁字了结！

李清照的这首《声声慢》经常被誉为词中绝品，也可看作她一生最凝练的总结和回望。寻寻觅觅，她在寻觅什么？是童年的梦想、少女的明媚、青春的爱情？或是国泰民安的幸福愿景？冷清的氛围中，人生上半场所有曾经的追寻、所有过往的美好都变成了褪色的记忆，只留下中年的颠沛流离、老年的孤苦清寂。如果人生的画布有颜色，李清照人生的前半段当以暖色为主。虽生母早丧，但她从不缺少爱。她热爱诗书，有慈父良师指点教导，耳濡目染。她渴望脱俗的爱情和灵魂伴侣，于是邂逅了赵明诚。虽然婚后生活并非日日晴空万里，但是他们的爱情和婚姻的根基固若金石……直到国破的那一刻，她人生的画布被冷色铺满——生离死别、颠沛流离、遇人不淑、复国无望……而这冷暖交织处，就是她心底的文人气概和诚挚的愿望——愿有一日能回到故园，落叶归根。这就是李清照冷暖交织、悲喜掺杂的人生写照。

　　"三杯两盏淡酒"，据统计，李清照词中写到酒的，达十六处之多。有人因此认为她嗜酒，甚至有人称她为"酒鬼"，也有不少人因此诟病于她。对文人来说，酒是灵感和创作的因子，"李白斗酒诗百篇"，酒让人忘记世俗束缚，充分释放天性回归本真，也让人暂时逃离现实的苦难。如果说李清照前半生饮酒，是一种风雅和灵感，那

么她后半生饮酒，则是一种自我救赎，只有醉后才能忘却
一切，然而酒总会醒，终究还要面对让人猝不及防的各种
变故。寒来暑往，春去秋来，人生如梦，酒醒时分，更加
感慨生命本是一场孤独的旅程。

"这次第，怎一个愁字了得！"李清照的词中，最
多的是愁情，但李清照绝不仅仅是一个多愁善感、吟风弄
月的小女人。她的"愁"不仅是小我的悲怜，更是心系天
下、心怀家国的悲痛。晚年的孤独，她可以用豁达的态
度对抗，用温馨的回忆消解，用钟情的诗词填补，但破碎
的山河，却任她倾尽绝世才华和毕生心力也无法修复回完
整的画卷。应该说，她遭遇的精神困境是所有有追求的文
人共同的、永恒的困境，所以无解，所以悲戚、悲凄、悲
凉、悲壮，凄清、凄凉、凄惨、凄美。李清照在白发暮
年，用一首《声声慢》来回望一生。其间况味，或许，只
有深切走进李清照的人才能体会一二。

绍兴二十五年（1155），岁月无情地流逝，一代婉约
词宗李清照，终在这年华的尽头找到了永恒的安宁。她的
离世，仿佛是那个遥远春天里，自百脉泉边传来的一曲离
歌，起始于新生与期待，却终在无尽的泪水与哀愁中落下
帷幕。

　　她的一生，如同一首长词，充满了起伏与变迁。她的诗词作品，是她心灵的写照，也是她人生的缩影。书香门第孕育了她的不凡才华，她在文学的熏陶下慢慢长大。那时，她正值豆蔻年华，才情横溢，怀揣着对生活的无限憧憬与期待。她的词里，流淌着青春的欢歌与笑语，如《如梦令》所绘："常记溪亭日暮，沉醉不知归路。兴尽晚回舟，误入藕花深处。"字里行间，尽是她那无忧无虑、纯真烂漫的少女情怀。

　　上元灯会之夜，她与赵明诚在华灯初上时相遇。在那个夜晚，两颗心在璀璨的灯火中找到了共鸣。从那一刻起，爱情的种子在他们彼此的心田悄然生根发芽，不久后两人便喜结连理，如同并蒂莲花，在爱河中盛开。她的词中开始流淌着爱情的甜蜜与羞涩，如《浣溪沙·闺情》中所写："绣面芙蓉一笑开，斜飞宝鸭衬香腮。眼波才动被人猜。"那时的她，如同词中的少女，心中满是对爱情的憧憬与期待。

　　然而，命运多舛，世事无常。她的父亲李格非因党争被贬，公公赵挺之在政治的旋涡中抑郁而终。为了逃离京城的纷扰和可能的祸事，李清照与赵明诚商议后，决定前往青州，过上隐居的生活。他们希望能够在那个远离尘嚣

的地方，找到一丝宁静与安慰。然而，政局的变幻莫测，使得夫妻二人时常分离。在经历诸多变迁后，李清照面对亲友离世，分居别离，她的内心充满了无尽的愁苦与思念。"云中谁寄锦书来？雁字回时，月满西楼。花自飘零水自流。一种相思，两处闲愁。此情无计可消除，才下眉头，却上心头。"她的词，如同她的心声，倾诉着那份难以言说的哀愁与牵挂。

靖康元年（1126），伴随着正月料峭的寒风，金兵的铁蹄踏破了京城的宁静。江山破碎，社稷倾覆，李清照见证了宋朝的兴衰荣辱，感受到了人民的疾苦与无奈。她的笔触，挣脱了个人情感和家庭琐事的桎梏，直面当时风雨飘摇的时局。《夏日绝句》中，她以诗言志，挥毫泼墨，写下了："生当作人杰，死亦为鬼雄。至今思项羽，不肯过江东。"在她的诗中，我们可以感受到她对时事政治的敏锐洞察，对家国天下的深情厚意。她让我们看到了一个女性在乱世中的坚韧与勇敢，更让我们感受到了一个文人对家国天下的深沉情怀。

在生命的余晖中，李清照将世间的纷繁琐事放下，只留下内心最为珍视的纯粹与真挚。她独身一人，隐居在静谧的小院，过着清贫却宁静的生活。虽然四壁简陋，但她的内心世界却如同她的诗词一般，充满了对美的热爱和对生活的执着。"病起萧萧两鬓华，卧看残月上窗纱。豆蔻连梢煎熟水，莫分茶。枕上诗书闲处好，门前风景雨来佳。终日向人多蕴藉，木犀花。"这种超脱于尘世纷扰的宁静与喜悦，正是她内心深处最真实的写照。

李清照的一生，既有欢愉与美好，令人向往，也有悲凉与伤感，令人感慨。千年岁月的洗礼并没有减弱她的魅力，反而使她的作品随着时间的流逝愈加珍贵。她的词，就像陈年佳酿，历久弥香。在千载词坛中，她是一枝独秀的女儿花。她的词笺上留下了聪颖与坚韧、柔情与思念、坚强与悲戚的印记。

"藕花深处"，不仅仅是李清照成名作中的最为人所熟知的景致，也是一位女词人细腻婉约的心曲，蕴含着她傲世的才情与风骨。在这片藕花之中，李清照以她独特的文学天赋和才情，将自己对世界的认知和热爱，将自己对国家、亲情、爱人的深情化为词句，娓娓道来，抒发情怀，构建出一个伟大的词人的胸怀，一个婉约的女子的感性。

在藕花深处，李清照留给世间一个令人向往的美丽剪影。她以她那独特的文学语言，为后人留下了一片文学的

璀璨星辰，成了中国文学史上不朽的光芒。她的人生和词作，如同藕花一般，虽生于淤泥之中，却能绽放出最纯净的美，成为后人心中永恒的风景。

注释:

[1]博戏：一种古老而丰富的民间游戏形式，其历史可追溯至商代，那时人们便通过掷骰子和摆放棋子进行娱乐，称之为"六博"。春秋战国至汉代，博戏逐渐风行于民间，汉代还设有专门侍候皇帝博戏的官员。博戏不仅具有娱乐性，有些还带有赌博性质，涉及钱财输赢。魏晋以后，博戏逐渐衰落，许多传统玩法在唐宋时期失传。博戏作为中国古代文化的重要组成部分，其包含的游戏如骰子、麻将，以及智力游戏如象棋、围棋等，仍具有极高的文化价值和传承意义。

[2]朱淑真：号幽栖居士，宋女诗人，是唐宋以来留存作品最丰盛的女作家之一。生于仕宦之家。幼聪慧、善读书，一生因爱情郁郁寡欢。丈夫是文法小吏，因志趣不合，夫妻不和睦，最终抑郁早逝。传淑真过世后，父母将其文稿付之一炬。现存《断肠集》《断肠词》传世。

诗词延伸

上韩公枢密

　　绍兴癸丑五月，枢密韩公、工部尚书胡公使虏，通两宫也。有易安室者，父祖皆出韩公门下，今家世沦替，子姓寒微，不敢望公之车尘。又贫病，但神明未衰落。见此大号令，不能忘言，作古、律诗各一章，以寄区区之意，以待采诗者云。

其二

想见皇华过二京，壶浆夹道万人迎。

连昌宫里桃应在，华萼楼前鹊定惊。

但说帝心怜赤子，须知天意念苍生。

圣君大信明如日，长乱何须在屡盟。

诗意：

　　绍兴癸丑年五月，枢密使韩公（韩肖胄）和工部尚书胡公（胡松年）出使金国，以沟通南宋和金国之间的关

系，并探询徽、钦二帝（宋徽宗、宋钦宗）的情况。有一位易安居士（李清照自称），父祖皆出韩公门下，但现在家族已经衰落，自己也贫穷和病弱，只是她的信仰和精神并没有减弱。当她看到这次大规模的号召时，忍不住写了两首诗，一首古体诗和一首律诗，表达了对这种局势的看法，希望能被选中采集。

其二

能想象得到南宋使者出使金国时，百姓们一定用竹篮盛着饭，用瓦壶盛着酒浆来欢迎。连昌宫里的桃花应时绽放，华萼楼前的喜鹊也将以惊喜的心情迎候这两位大得人心的使者。都说皇上对人民有怜悯之心，上天也同情受苦的老百姓。圣上你圣明如太阳，你应该知道愈是一次又一次地会盟讲和，愈是助长祸乱。

诗说：

这两首诗既有深刻的揭露、尖锐的谴责，也有冷静的分析、积极的建议；既含椎心泣血的悲痛，又具气贯长虹的豪情。诗中人物形象鲜明，高宗的急于求和，韩、胡二公的大义凛然，中原百姓的殷切企盼，诗人的崇敬与忧虑，关切和希望等等，皆得到了形象的描绘。

愿少年读过的诗词，藏于心间，照亮人生。